KB125770

백 살까지 살 각오는

하셨습니까?

백 살까지 살 각오는
하셨습니까?

아프지 않고, 외롭지 않은
노년을 위한
100세 인생 지침서

가스가 기스요 지음 | 최예은 옮김

AGORA

이 책에 등장하는 분들의 나이는 인터뷰 조사 당시의 나이다. 인터뷰는 2016년부터
2018년까지 진행했다.—지은이

"신록이 아름다운 계절이 되었습니다. 저의 백 살 생일을 축하해주셔서 정말 고맙습니다. 너무 사랑스러운 수국이네요. 이렇게 예쁜 꽃은 처음 보았어요. 내년에도 건강하게 아름다운 꽃을 키우고 싶군요. 고맙습니다."

내게 이 편지를 보낸 사람은 한 달 뒤면 100세 생일을 맞이하는 여성이다. 인터뷰에 응해준 데 대한 감사의 표시와 생일 축하를 겸해 수국을 선물했더니, 편지를 보내준 것이다.

그녀는 셋째 며느리와 둘이 산다. 그녀의 세 아들 중 둘은 이미 세상을 떠났고 나머지 한 명도 병상에 누워 있다고 한다. 하지만 100세가 된 그녀는 일주일에 세 번씩 게이트볼을 칠 정도로 활기차게 살고 있다. 그뿐 아니라 92세, 91세, 90세, 87세 등 여든이 넘은 다른 여성들과 춤 동호회를 결성하고 직접 회비까

지 관리한다. 특히 그녀가 가장 즐거워하는 일은 꽃을 기르는 것
이다. 눈썹을 예쁘게 그리고 완벽하게 화장을 한 그녀와의 대화
는 무척 흥미로웠다.

'정다운 친구 모임'은 80~90대 여성 11명으로 구성되어 있는
데, 그 모임의 회장은 98세이며 혼자 산다. 그녀의 좌우명은 '녹
슬지 않는 괭이로 남고 싶다.' 괭이를 계속 사용하면 녹슬지 않
는 것처럼 사람도 몸과 머리를 계속 쓰면 녹이 슬지 않는다. 그
런 생각으로 맑은 날에는 오래 써서 손에 익은 괭이로 밭을 갈
고, 일주일에 한 번은 친구들을 만난다.

각각 96세와 93세인 두 여성 친구는 1년에 서너 번씩, 서로의
집에서 정확히 중간 지점에 있는 온천 숙소에서 만나 4~5일간
함께 먹고 자며 정을 나눈다. 티켓을 구해서 90세 남동생 부부
와 함께 카프(일본 프로야구 센트럴 리그 소속 히로시마 도요 카프—
옮긴이)를 응원하러 야구장을 찾곤 하는 96세 여성도 있다.

이미 백 살이 넘었거나 백 살이 다 된 이들과의 만남은 나이에
대한 나의 관점과 인생관이 크게 바뀌는 계기가 되었다. 백 살이
이렇게 건강하다니. 백 살인데도 매일 눈썹을 그리고 완벽하게
화장을 하다니. 백 살이 되어서도 활발하게 모임 활동을 하다니.
곧 백 살이 되는 사람이 종종 카프를 응원하러 야구장에 가다니.

무엇보다 나를 자극한 것은 자신의 즐거움과 희망을 적극적
으로 찾아내서 긍정적으로 살아가려 하는 그들의 삶의 자세였

다. 그런 그들을 보며 나도 '여든 살쯤 되면 죽겠지'라는 안이한 생각을 버리고 인생 설계를 확실히 해야겠다고 마음먹었다.

　나는 1990년대 초부터 지금까지 노인 지원 기관에서 실시하는 사례 검토회나 연구 모임에 꾸준히 참여해왔다. 또 어떤 문제를 안고 있는 노인이나 가족의 이야기를 듣는 인터뷰 조사를 통해 노인 가족의 변화를 지속적으로 추적해왔다.

　2000년 개호보험(介護保險, 일본의 사회보험 제도로 우리나라의 노인장기요양보험에 해당한다─옮긴이)*이 시작된 직후에는 같이 사는 미혼 자녀가 고령의 부모를 학대하는 문제가 사회 이슈가 되었다. 그런데 최근에는 그런 현상이 줄어드는 대신, 80대 후반

● 한국에서도 2008년 7월부터 노인장기요양보험 제도가 시행되고 있다. 이는 고령이나 노인성 질환으로 인해 혼자 일상생활을 하기 어려운 사람들에게 신체활동과 가사활동을 지원하기 위해 장기요양급여를 지급하는 사회보험 제도다. 스스로의 힘만으로 일상생활을 수행하는 것이 어려운 65세 이상과, 치매와 파킨슨 병 등 노인성 질환을 앓는 65세 미만이 대상이다.
이 복지서비스를 받기 위해서는 '일상생활에서 도움(장기요양)이 얼마나 필요한가?'를 지표화한 장기요양인정점수를 기준으로 요양등급 심사를 받아야 하며, 1~5등급 인정을 받은 사람은 재가급여, 시설급여, 특별현금급여로 나뉘는 장기요양급여를 받을 수 있다. 재가급여로는 방문요양, 방문목욕, 방문간호 등의 서비스를 받을 수 있으며, 시설급여는 요양원 등 노인 의료복지시설(요양병원은 제외)에 입소하여 생활하는 데 지원되는 금액이다. 특별현금급여에는 가족요양비가 있는데 장기요양기관이 현저히 부족한 지역에 거주하거나 천재지변 등으로 장기요양급여 이용이 어렵다고 인정되는 사람들에게 지급된다.─편집자

부부, 혼자 사는 노인 등 가까이에 의지할 친족이 없는 초고령자들이 증가하고 있다. 그리고 자립할 전망이 없는 미혼 고령 자녀와 초고령기의 부모가 함께 살며 서로 어려움을 호소하는 가족 문제도 늘어나고 있다.

이런 변화 속에서 사회복지 종사자들은 "이미 기력이 떨어진 사람은 어쩔 수 없지만 건강한 노인들은 아직 젊고 힘이 있을 때 미래를 준비했으면 좋겠다", "노인들이 '어떻게든 되겠지' 하고 방관하며 아무 대책도 세우지 않는 게 문제다"라고 목소리를 높인다. 1990년대 초반만 해도 터져나오지 않았던 볼멘소리들이다.

내가 아는 사람들 가운데에는 80대 중반이 넘은 부모의 요양돌봄을 맡게 된 50~60대 남성들이 많다. 아침마다 본가에 들러 어머니가 노인 주간보호센터 *에 갈 수 있도록 도와준 후에 출근하는 사람, 경도인지장애를 앓는 부모를 보살피기 위해 매주 긴 시간을 들여 본가에 가는 사람, 부모를 돌봐야 해서 아내와 별거하고 부모 집으로 들어간 사람 등.

내 또래의 여성 지인들 역시 많은 수가 떨어져 사는 80~90대의 친정 부모나 시부모의 요양돌봄을 하고 있고, 그 중에는 양가

● 노인 요양기관 중 하나로, 자택에 거주하는 노인들이 낮에 돌봄을 받을 수 있는 곳이다. 우리나라에서도 노인 주간보호센터가 운영되고 있으며, 장기요양등급이 있는 사람들만 이 시설을 이용할 수 있다. ─편집자

부모 중 여러 명을 돌봐야 하는 사람도 있다. 부부가 함께 자영업을 하고 있었는데 80대 후반의 양가 부모가 거의 같은 시기에 치매를 앓게 되자, 부모를 돌봐야 할지, 사업이나 자신들의 건강을 먼저 챙겨야 할지를 놓고 고민하게 된 경우도 있다. 또 어떤 사람은 그 동안 왕래가 전혀 없었던 숙부, 숙모가 갑자기 쓰러졌는데 돌봐줄 사람은 없고 모른 척할 수가 없어서 그 일을 자기가 맡았다. 이렇게 부모 세대를 돌봐야 하는 사람들의 부담이 커지고 있다.

자녀 세대는 이런 푸념을 늘어놓는다. "아직 건강할 때, 나중에 쓰러지면 어디서 어떻게 살지를 스스로 준비해놨기를 바랐어요. 그런데 준비해놓은 거라곤 돈과 상조회사 가입뿐이더군요. 정작 필요한 것들은 아무 대책도 세워놓지 않았으니 정말 큰일이에요!"

노인복지 종사자들과 가족을 돌보는 사람들은 서로 상황이 다르지만, 양쪽 모두 고령자의 생활을 지원하는 입장으로서 현재의 상황을 지켜보며 한 목소리로 이야기한다. "건강을 잃기 전에, 갑자기 쓰러지면 어디서 어떻게 지내고 싶은지, 누구에게 보살핌을 받고 싶은지 미리 자기 생각을 정리하고 준비했으면 합니다. 자신이 할 수 있는 만큼은 대책을 세워두면 좋겠어요."

그렇다면 가족이나 노인복지 종사자들에게 이런 소리를 듣는 고령자들은 도대체 어떤 생각을 갖고 있고, 어떤 준비를 해놨을

까? 정말로 '어떻게든 되겠지' 하면서 속수무책으로 살고 있을
까? 그들이 아무런 준비를 하지 않았거나, 준비를 해야 한다는
생각 자체가 부족하다면 그 이유는 무엇일까?

나는 그 원인을 찾기 위해, 40~60대의 부모에 해당하는
70~80대 중 활발하게 생활하는 사람들을 대상으로 '앞으로 몸
이 쇠약해져 누군가의 보살핌을 받아야 한다면 어떻게 할지 미
리 준비하고 있는가, 어디서 어떻게 생활할 예정인가'를 조사했
다. 활동적인 사람들로 조사 대상을 한정한 이유는 경제 격차에
따른 영향력을 최소한으로 줄이고 싶었기 때문이다.

그리고 그와 별개로 자기 집에서 건강하게 생활하는 90~100
대에게 앞으로 더 나이 든 후를 대비해 어떤 준비를 했는지, 쓰
러지면 어떻게 할지, 하루하루 어떤 일을 하며 보내는지 등을 조
사했다. 현재 장수를 누리고 있는 이들의 이야기는 앞으로 늙어
갈 후배 고령자들에게 필요한 미래 준비와 삶의 방식, 생활방식
의 본보기가 될지도 모른다. 또한 우리 가까이에 있는 평범한 장
수 노인들의 초고령기 대처법을 알아낼 수 있을 거라는 목적도
있었다.

하지만 조사 결과는 내가 예상했던 바와는 전혀 달랐다. 90세
를 넘은 사람들의 이야기를 듣고 나는 깜짝 놀라고 말았다.

다이쇼 시대(大正期, 1912~26년—옮긴이), 즉 전쟁(1차 세계대

전—옮긴이)이 일어나기 전이나 전쟁 도중 태어난 사람들은 몸이 쇠약해져 돌봄이 필요해지면 '당연히 자녀(또는 자녀 세대의 친족)가 돌봐야 한다'는 전통적 가족관을 갖고 있었다. 그래서 같이 살든 따로 살든 자녀 세대의 도움을 받고 있는 사람이 많았고, 부부 둘이서만 생활하거나 혼자 사는 경우에도 아직 건강을 잃지 않은 이상 건강 유지에 신경 쓰는 것 외에는 특별히 무언가를 준비해야 할 필요성을 느끼지 못하고 있었다.

쇼와 시대(昭和期, 1926~89년)에 태어나 현재 건강하게 생활하고 있는 70~80대 역시 미래에 대한 준비와 준비 의식이 매우 부족했다.

쇼와 시대에 태어난 사람들 가운데에는 "자식들의 도움은 필요 없다. 받지 않겠다"고 말하는 사람이 많았다. 하지만 앞서 사회복지 종사자들과 실제로 부모를 돌보는 자녀들이 이구동성으로 말한 것처럼 이들 또한 돈과 장례식장 예약 외에는 아무것도 준비해놓지 않았다. 요양돌봄을 받아야 할 때가 되면 어떻게 할 거냐고 물으면 대부분 "뭐 방법이 있나요?", "우울한 일은 생각하고 싶지 않습니다", "어떻게든 되겠죠"라고 대답했다.

이들이 초고령기를 대비해 하는 일이라곤 오로지 건강을 잃지 않기 위해 운동을 하는 것뿐. 그 외 시간에는 취미활동과 사회활동, 친족이나 친구들과의 교류, 오락에 에너지를 쏟고 있었다.

여기서 중요한 점은 1926~89년에 태어난 사람들의 자녀들과의 관계는, 1912~26년 출생자들의 그것과는 확연히 다르다는 것이다.

과거와 달리 요즘 시대 고령자들의 자녀들은 대부분 결혼 후에는 부모와 따로 산다. 특히 장남에게 전적으로 의지하는 부모의 기대와 달리, 자기 부모보다는 처가와 더 사이가 좋은 남자들이 많다.

더구나 경제 변화로 비정규직과 실업자가 늘어난 탓에 자녀가 부모와 같이 산다 해도 자녀가 부모를 모시는 것이 아니라, 부모가 돈벌이가 시원찮은 미혼 자녀들을 마지막까지 보살피는 경우가 더 많은 형국이다.

상황이 이렇다 보니 자녀가 있어도 배우자가 죽고 나면 초고령기를 혼자 보내야 하는 사람이 늘어나고 있다.

게다가 이 세대는 평생 독신으로 살았거나 결혼은 했어도 아이를 낳지 않아서 아예 자녀가 없는 사람들도 많다.

이러한 가족 구성의 변화와 더불어, 장수하는 사람은 앞으로 계속 늘어날 전망이다. 특히 요양돌봄 수요가 급격히 증가하는 80대 이상의 인구가 꾸준히 증가하고 있다. 2015년에는 997만 명으로 총인구의 7.8퍼센트였으나 단카이 세대(団塊世代, 1948년 전후에 태어난 베이비붐 세대—옮긴이)가 80대 중반이 되는 2035년에는 1,629만 명으로 두 배 가까이 증가해 총인구의

14.1퍼센트를 차지할 것으로 예상된다. 이러한 상황 속에서 국가의 의료와 복지 정책은 시설 중심에서 재가 중심으로 방향이 바뀌고 있다.•

따라서 지금은 아직 건강하고 활발하게 활동하고 있는 중·노년층은 그 전 세대와는 달리 초고령기를 혼자서 살아갈 준비를 해야 한다. '인생 100세 시대'라고 불리는 지금, 많은 사람이 '핀핀코로리(ピンピンコロリ, 팔팔하게 생활하다가 어느 날 갑자기 고생 없이 죽는 것—옮긴이)'를 희망하지만 죽음의 사자가 찾아오는 순간까지 자기 뜻대로 죽음을 맞이하기란 쉽지 않다. 누구나 나이가 듦에 따라 나날이 허약해지고 쇠약해지는 몸을 지탱하며

• 일본은 EU의 2배, 미국의 3배의 속도로 고령화가 진행되어, '세계에서 고령화가 가장 빠른 나라'로 불려왔다. 전체 인구에서 만 65세 이상 인구가 차지하는 비율이 7퍼센트 이상이면 고령화사회, 14퍼센트 이상이면 고령사회, 20퍼센트 이상이면 초고령사회라고 정의하는데, 일본은 1970년 고령화사회에 진입한 후 24년 만인 1994년에 고령사회가 되었고, 2005년 초고령사회에 들어섰다.

이 속도보다 더 빠르게, 세계에서 유례를 찾을 수 없이 급격하게 고령화가 진행되고 있는 나라가 바로 우리나라다. 1999년 고령화사회가 된 한국은 불과 18년 만인 2017년에 고령사회가 되었고, 그후 9년 뒤인 2026년에는 초고령사회에 진입할 것으로 예상되고 있다. 한국에서 1965년 88만 명에 불과했던 만 65세 이상 인구는 2005년 432만 명, 2017년 2월 말 706만여 명으로 급증했다. 반면 같은 시기에 만 14세 이하 인구는 1,258만 명에서 922만 명, 688만여 명으로 줄어들었다.

고령화와 그에 따른 사회복지 정책 등을 우리보다 먼저 경험한 일본에서는 자립해서 일상생활을 하는 것이 곤란한 노인들을 노인 복지시설에 수용하는 대신, 최대한 각자의 자택과 가정에서 생활할 수 있도록 하기 위한 제도 변화와 연구가 이루어지고 있다.—편집자

살아야 한다. 건강하다가 점점 비실비실해지고 결국에는 쓰러져 움직일 수 없게 된다. 이제는 누군가의 돌봄을 받으며 살다가 저세상으로 갈 수밖에 없는 시대가 되었다.

누구나 '미리 준비하면 근심이 적다'라는 마음으로 고령화를 대비해야 한다. 100세까지 살 각오를 하고 스스로 할 수 있는 일을 미리 준비해야 한다. 마지막까지 건강하게 살다가 어느 날 갑자기 편안히 죽는 것은 극히 드문 일이고, 다른 사람에게 보살핌을 받아야만 하는 최후의 시기가 기다리고 있다는 사실을 자신의 일로 받아들여야 한다. '그때가 되면 어디서, 누구의 보살핌을 받으며 살고 싶은가', '그때를 위해서는 무엇이 필요한가', '오래 살아 정든 집에서 계속 살고 싶다면 어떤 준비가 필요한가' 등 인생의 마무리 준비를 아직 건강할 때 미리 해둬야 한다.

이런 준비는 사람들이 일반적으로 '종활終活'이라고 부르는 상속, 묘지, 유언 등 사망 후에 필요한 죽음 준비와는 다르다. 내가 말하는 준비는 초고령기를 혼자 보내거나 노부부 둘이서 자녀 세대의 도움 없이 살아가야 하는 상황에 미리 대처하는 작업이다. 건강할 때부터 자녀와의 관계 형성이나 지역 주민과의 교류 방법을 찾아 인생의 마무리를 준비하는 작업이기도 하다. 그리고 만약 시설에서 생활하기를 바란다면 시설에 관한 정보도 미리 수집해두어야 한다. 무엇보다 제도 개정 때마다 바뀌는 의료,

간호, 복지 관련 지식이나 정보를 어떻게 수집할지 대처 방안을 마련해둘 필요가 있다. 이런 준비를 하다 보면 현행 제도의 문제점도 알 수 있고 또 고령자 당사자로서 어떤 제도가 필요한지 의견을 제시할 수도 있다.

인생의 마무리를 준비하는 일은 결코 우울하고 어두운 일이 아니다. '세월에는 장사가 없다'라는 옛말과 달리 나이가 든다고 해서 연약한 모습만 남는 것은 아니다. 사람은 '나이가 들어도 나는 나'라는 자기 정체성을 새롭게 개척할 힘이 있다. 나는 건강한 장수 고령자들을 만나며 '나에게 부족한 점은 다른 사람의 도움을 받으면 된다', '다른 사람의 보살핌을 받는 일을 비참하게 생각해서는 안 된다'는 것을 몸소 배울 수 있었다.

지금까지 세계 어느 나라에서도 겪어보지 못했던 고령화가 계속 진행되는 가운데 새로운 삶을 구축할 지혜와 지식 그리고 외부와 교류할 수 있는 힘이 노인 한 사람, 한 사람에게 필요하다.

차례

5   들어가며

서장 '100세 시대'에 집중되는 관심과 우리의 미래

21   노년의 작가들이 쓴 책이 인기를 누리다
25   원하지 않아도 누구나 오래 사는 사회
32   건강한 장수 노인들을 만나고 감탄한 것

1장 장수하는 사람들의 일상생활

39   딸은 죽고 사위와 함께 사는 100세 여성 A씨
48   여든이 넘은 후 새로운 삶을 시작한 B씨
56   앞으로 뜨개질을 배우고 싶다는 남성 C씨
64   또 다른 건강한 노인들

2장 나이 드는 것이란

69   '나이'라는 숫자의 의미
75   내가 벌써 늙은이라고?
82   나이 든 사람이 '노인'이 되는 순간

3장 가족이 노후를 책임져주던 시대는 끝났다

97   인생의 마지막은 스스로 준비해야 한다
107 '자식들이 날 돌봐주겠지'라는 어긋난 기대
118 독거노인들이 부딪힐 수 있는 위험과 대비책
134 노인에게 가족의 의미

4장 노후 준비를 위해 무엇을 하고 있는가?

141 인생의 마지막 단계를 위한 준비
152 우리가 몇 살까지 살게 될까?
163 인생 마무리 준비는 어떻게 하고 있는가?

5장 노쇠해 쓰러지게 될 때의 위기 대처법

181 건강한 시기와 노쇠한 시기의 차이
191 철저하게 쇠약 준비를 한 사례 1
199 철저하게 쇠약 준비를 한 사례 2

6장 방관과 불안감 대신 무엇이 필요한가

213 혼자서는 준비할 수 없는 것
228 제도적으로 필요한 것은 무엇인가

종장 고령화 시대와 '인생 마무리'

239 고령자 가족의 형태와 준비 의식
250 노인 문제는 우리 모두의 미래다

263 덧붙여―인생 마무리 준비의 구체적 예시
282 부록―인생 설계표를 작성할 때 참고할 항목
284 나가며

289 옮긴이 후기― 나는 편안한 내 집에서 죽을 때까지 웃으며 살고 싶다

서장

'100세 시대'에
집중되는
관심과
우리의
미래

◇◇◇

100

years

old

노년의 작가들이 쓴 책이 인기를 누리다

인생 후반부를 채워줄
삶의 지혜를 찾아서

『90세, 그게 뭐가 경사냐?』의 저자 사토 아이코는 그 책이 출간된 2016년 당시 92세였다. 『90세, 그게 뭐가 경사냐?』는 2017년 연간 베스트셀러 1위를 차지했으며, 사토 아이코는 아흔세 살의 나이로 최고령 베스트셀러 작가 기록을 경신했다.

출판사 홈페이지에는 그 책이 좋은 반응을 얻은 이유가 다음과 같이 적혀 있다. "때로는 세상을 비관하고 때로는 옛일을 추억하면서, 눈부신 과학 발전이나 자신의 장수에 대해서 '그게 뭐가 경사냐!'고 거침없이 내뱉는 직설적인 문장에 독자가 감동하고 공감한다." 물론 책의 내용에 감동한 독자들도 많을 것이다.

하지만 이유가 단지 그것뿐일까.

지난 몇 년 사이, 사토 아이코 외에도 100세, 90세를 넘긴 나이 많은 작가들의 책이 연달아 출간되었고, 모두 높은 판매고를 기록했다. 시노다 도코(서예가), 긴바라 마사코(배우, 2017년 작고), 90대에 작품을 발표한 호리 후미코(화가, 2018년 100세), 사사모토 쓰네코(사진작가, 2018년 104세), 세토우치 자쿠초(소설가), 하시다 스가코(극작가 겸 각본가), 2018년 100세를 맞이한 요시자와 히사코(평론가) 등이 다 백 살 넘은 작가들이며, 이들 중 많은 수가 다양한 분야에서 현역으로 활동하고 있다.

그 가운데에서도 가장 대표적인 고령 작가의 책은 2017년 105세의 일기로 세상을 떠난 히노하라 시게아키의 수많은 저서들일 텐데, 히노하라 씨가 90세였던 2001년만 해도 고령 작가가 장수를 주제로 하여 쓴 책이 흔치 않았다.

그런데 지금은 노년의 작가들이 쓴 책들이 잇달아 출간되며 독자들에게 호응을 얻는 이유가 뭘까.

이런 종류의 책을 섭렵한 80대 여성 지인에게 물어보니, 그녀는 이렇게 대답했다. "누구나 이렇게 오래 사는 시대가 올 줄 누가 알았겠어? 나도 아직 죽을 날은 먼 것 같고, 앞으로 어떻게 살아야 할지, 뭔가 도움을 얻을 수 있지 않을까 싶어서 읽는 거야."

장수를 주제로 한 책을 읽고 고령화 시대의 삶의 비결을 깨닫는다. 그런 경향은 『90세, 그게 뭐가 경사냐?』의 독자서평들에서도 찾아볼 수 있었다.

출판사 홈페이지에는 "나는 72세지만 90세가 되어도 자유로운 마음으로 살고 싶습니다", "내 근성대로 살고 싶다", "'가슴을 활짝 펴고 살아라!' 하는 용기를 얻었습니다", "노년도 또한 즐겁지 아니한가", "가슴이 뻥 뚫리며 기운이 났고 새로운 세계가 열렸다", "아라나인(around ninety, 90세 전후를 뜻하는 일본어─옮긴이)에게 희망을 주었습니다", "노인을 독자로 한 책은 많지만 이 책에서 가장 큰 힘을 얻었습니다" 등 노년 독자들이 쓴 감상평들이 실려 있었다.

그들의 자녀 세대인 50~60대가 쓴 독자평으로는 "83세가 된 저희 어머니는 '너무 오래 살았어. 이제 그만 죽었으면 좋겠어'라는 말을 입에 달고 사십니다. 지금 어머니께 이 책을 전하러 갑니다", "엄마한테 선물하기 전에 읽어봤는데, 낄낄껄껄! 나도 가끔 밉살맞은 말은 하지만 엄마가 힘을 내면 좋겠어요", "전혀 시들지 않은 저자의 입담에 감동했습니다. 여든이 되어 기운을 잃은 어머니가 꼭 읽었으면 좋겠네요" 같은 의견이 있었다.

세대가 다른 독자들이 90세가 넘어서도 생기 넘치는 저자의 자유로운 마음, 자기 근성대로 당당히 가슴을 펴고 살아가는 모습에 함께 공감한 것이다. '나이를 아무리 많이 먹는다 해도 건강하게 힘을 내서 죽을 때까지 자기다운 삶을 살아야 한다.' 독자들의 감상에는 그들이 배운 소중한 '삶의 지혜'가 드러나 있었다.

이것이 바로 노년의 작가들이 쓴 책들이 인기를 끄는 이유다. 비슷한 관심을 가진 독자층이 점점 더 확대되고 있는 것이 장수를 주제로 한 고령 작가들의 책이 많이 팔리는 배경이었다.

원하지 않아도 누구나 오래 사는 사회

노년의 경제력과
사회 관계

100세 시대와 노년의 삶에 대한 관심이 최근 더욱 두드러지게 나타나고 있는 이유는 무엇일까. 고령화가 유례없이 빠르게 진행되고 있기 때문이다. 지금껏 인류가 겪어보지 못했던 초고령기를 경험하게 된 고령자들은 스스로 이리저리 탐색하며 이 시기에 대처해야만 한다.

90세 이상의 인구 변화를 살펴보자.

일본의 90세 이상 인구는 2000년 70만 2천 명이었는데, 2017년에는 206만 명(남성 50만 명, 여성 156만 명)으로 200만 명을 넘어섰다. 또한 단카이 세대가 90세 이상이 되는 2040년에는 현재의 두 배 이상인 531만 명(남성 158만 1천 명, 여성 373만 6천

명)에 이를 것으로 전망된다.

90세까지의 생존 비율을 비교해보면 1990년에는 여성 26.3퍼센트, 남성 11.6퍼센트였으나 2017년에는 여성 50.2퍼센트, 남성 25.8퍼센트로 상승했다. 이제 여성 두 명 중 한 명, 남성 네 명 중 한 명은 아흔 살까지 사는 시대가 되었다(그림 1 참조).

그리고 가족이 노후를 책임져줬던 과거와 달리, 지금은 가족의 형태도 다양해졌다. 의지할 가족이 없는 독거노인 세대, 노인 부부로만 구성된 세대가 증가했으며 자녀와 함께 사는 고령자 세대는 대부분 미혼 자녀와 동거하는 경우다. 결혼한 자녀의 가족과 생활하는 고령자는 이제 소수파가 되었다.

다른 사람의 도움 없이 자기 혼자만의 힘으로 80대, 90대, 100대의 초고령기를 살아내야 하는 사람들이 계속 늘어나고 있는 것이다.

노년의 작가들이 쓴 장수에 대한 책을 읽고 자신도 건강하게 가슴을 쭉 펴고 살아야겠다고 결심해보지만, 불현듯 멈춰 서서 '도대체 나는 어떻게 살아갈 힘을 북돋고, 무엇을 기대하며 하루하루를 보낼 것인가'라고 자문하는 사람들이 많을 것이다.

그렇다면 노년의 삶에 가장 큰 영향을 미치는 요소들은 무엇일까. 고령 작가들의 경우에서도 힌트를 얻을 수 있다. 장수를 주제로 하여 책을 쓴 고령 작가와 일반 고령자는 오래 살았다는 점과 나이가 들면서 몸과 마음의 변화를 경험한다는 공통점이 있지만, 크게 다른 점도 몇 가지 있다.

먼저 90세가 넘어서도 각자의 분야에서 재능을 발휘할 수 있는 작가들은 작품을 발표하며 매일 삶의 격려를 받는다. 또한 경

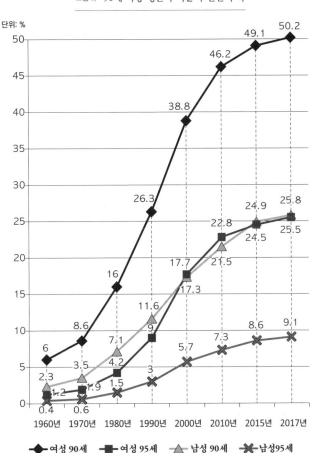

그림 1) **90세 이상 생존자 비율의 연간 추이**

출처 2017년 간이생명표 개요(후생노동성)

제력도 강하고, 가족이나 이웃, 지역사회와의 교류도 활발하다. 다양한 사람들과 촘촘히 연결되어 있는 사회관계망은 일반인들의 그것과는 크게 다르다. 설사 자신을 돌봐줄 가족이 없는 사람이라 해도, 경제적으로 여유가 있기 때문에 필요한 부분을 경제력으로 해결할 수 있다. 특히 명성이나 유명세가 있다면 굳이 원하지 않아도 그의 주위로 사람들이 모여든다.

경제력과 사회 관계는 서로 상관관계가 있다. 이것이 사회학의 정설이다.

평범한 100세인들에게 비결을 묻다

그렇다면 언론이 주목할 만한 특별한 재능이나 사회활동을 할 공간도 없고 경제력이 탄탄하지도 않은 우리 주변의 평범한 장수자들은 무엇에 의지하여, 어떤 일로 하루하루 삶의 격려를 받으며, 어떠한 사회적 유대관계 속에서 살고 있을까.

이 질문의 해답을 찾아가는 작업은 노인 인구가 지금보다 더 늘어나고 시설에서 재가 복지로 제도가 전환되는 현재의 흐름 속에서 더욱더 중요해질 전망이다.

대부분의 사람들이 초고령기에 접어든 후에도 익숙한 자기 집에서 살고 싶어하지만, 아무런 질병 없이 건강하게 사는 사람은 극히 드물다. 오래 살면 오래 살수록 노화로 인한 질병이나 몸이 쇠약해지는 것을 피할 길이 없다.

예를 들어 65세 이상의 성별, 연령별로 구분한 개호보험 수급자 수 및 인구에서 차지하는 수급자 수의 비율(2017년 11월 심사 기준)을 살펴보자. 70대 후반은 남성 8.1퍼센트, 여성 9.7퍼센트였으나 80대 전반前半이 되면 남성 16.0퍼센트, 여성 23.4퍼센트가 된다. 80대 후반에는 남성 29.9퍼센트, 여성 44.9퍼센트로 늘어나며 90대 전반에는 남성 48.0퍼센트, 여성 65.3퍼센트로 증가한다. 고령이 될수록 5세 단위로 요양이 필요한 수급자 수가 크게 늘어난다(그림 2 참조). 하지만 반드시 알아두어야 할 점은 개호보험 서비스를 이용하면서도 건강하게 자택에서 생활하는 요지원 1등급~요개호 2등급(개호보험의 등급은 요지원 1~2등급, 요개호 1~5등급으로 구분하며 요지원보다 요개호 등급이 높고 숫자가 높을수록 등급이 높다—옮긴이)자들이 많다는 사실이다.

많은 이들이 건강하게 지내다 갑자기 쓰러져 고통 없이 죽기를 바라지만 그 소망을 이루는 사람은 극소수의 운이 좋은 사람들뿐이다. 고령자의 사망 원인은 뇌혈관이나 심혈관 질환이 많다고 알려져 있는데, 의료기술이 향상됨에 따라 질병으로 인한 사망자는 줄어드는 반면 고령으로 쇠약해져 사망하는 사람이 증가하고 있다.

70대까지는 아주 건강하던 사람들도 초고령기인 80~90대에 접어든 후에는 노화를 실감하고, 점점 허약해지다가, 어느 날

쓰러져 누군가의 돌봄을 받으며 삶을 유지하게 된다. 누구든 쌩

쌩-비실비실-쓰러져 돌봄을 받는 과정을 거쳐야 하는 시대가

그림2) 65세 이상 성별·연령별 개호보험 수급자 수 및 인구 대비 비율

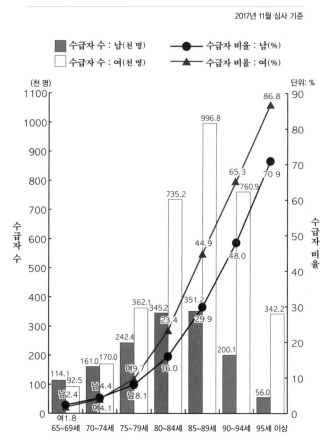

2017년 11월 심사 기준

주 성별·연령별 인구 대비 수급자 비율(%) = 성별·연령별 수급자 수/성별·연령별 인구×100

인구는 총무성 통계국 「인구 추계, 2017년 10월 1일 현재(인구 속보 기준 확정치)」의 총인구 사용

출처 2017년 개호급여비 등 실태조사 개요(후생노동성)

되었다.

건강한 100세인들의 삶을 지탱하는 원동력이 무엇인지 찾는 작업은, 그들이 노화로 인한 질병과 장애를 갖게 된 후에도 그들이 무엇에 의지하고 힘을 얻으며, 자택에서 어떠한 일상생활과 습관으로 하루하루를 보내는지 그리고 어떤 형태로 사회와 교류하며 건강을 유지하는지를 밝혀내는 일이다.

장수 고령자들은 분명 가까운 미래에 신체 자립 능력이 크게 떨어질 것이다. 특히 배설 보조를 다른 사람에게 맡겨야 하는 상황이 오면 어디에서, 누구의 보살핌을 받으며 살아갈지를 미리 정해두어야 한다. 왜냐하면 배설 보조가 필요하다는 것은 가까이에 죽음이 다가왔다는 신호기 때문이다.

건강한 장수 노인들을 만나고 감탄한 것

나이에 대한
편견을 깨다

건강하게 오래 살고 있는 사람들의 이야기를 들어보고 싶다고 생각한 나는 90세 이상의 자택에서 혼자 사는 사람, 부부, 자녀와 같이 살지만 자신이 가족을 부양하고 있는 사람을 소개해달라고 친구와 지인 들에게 부탁했다.

인터뷰 대상의 연령을 90세 이상으로 설정한 이유 중 하나는 평균수명이 여성은 87.26세, 남성은 81.09세(2017년)이기 때문이었고, 또 다른 이유는 장수에 대한 책을 쓴 고령 작가들의 나이가 90세 이상이었기 때문이다. 그리고 앞으로는 자녀들의 도움 없이 자택에서 생활하는 고령자들이 많아질 것이라는 예상 때문에, 결혼한 자녀와 함께 사는 사람들은 대상에서 제외했다.

이렇게 해서 장수 노인 30명을 소개받아, 2016년부터 2018년 까지 그들의 이야기를 들었다.

오랜 기간 요양 문제를 주제로 하여 돌봄을 받는 고령자와 그 가족을 조사하고 연구해온 나에게 이 작업은 놀라움과 새로움의 연속이었다.

내가 마주하게 된 광경은 매일 자기가 해야 할 '과제'를 찾아 선택하고 일과로서 그것을 달성해나가는 건강한 노인들의 모습이었다. 그들은 있는 그대로의 '현재'를 긍정하고 적극적으로 자기의 삶을 즐기고 있었다.

그 모습은 지금까지 내가 무의식적으로 떠올리던, 아니, 나뿐 아니라 우리 사회가 폭넓게 공유하고 있는 노인의 이미지를 완전히 깨뜨리는 것이었다. 우리는 노인들은 '내 나이가 이렇게 많은데' 하며 새로운 도전은 하지 않고, 가족에게 보살핌을 받으며 생활하리라고 생각하지 않나. 그러나 그들이 아주 좁은 범위의 사람들하고만 소극적으로 교제하며 단조로운 나날을 보낼 것이라는 나의 예상은 보기 좋게 깨졌다.

당연하다면 당연한 일이지만 비슷한 연령, 비슷한 요양등급의 노인들 여러 명을 만나면서도 그들 한 사람, 한 사람의 이야기를 들을 때마다 나는 진지하게 귀를 기울이게 됐다. 특히 요양 문제와 관련한 문맥에서는 그들의 이야기가 가까운 미래의 나의 모습과 겹쳐짐을 느낄 수 있었다. 나는 어느새 일상생활을 꾸려나가는 생활 당사자가 되어, 노인들은 모두 돌봄을 받기만 하는 존재라는 선입견과 전혀 다른 그들의 실생활을 세심하게 들여다볼 수 있었다.

건강만큼 기력을
잃지 않는 것이 중요하다

나이로 사람을 판단하는 것은 지극히 단순한 편견이다. 그런 관점에서 평범한 장수 노인들의 삶의 원동력이 무엇인지 찾으려고 한다면, 건강뿐 아니라 그들이 어떻게 기력을 유지하는가를 밝혀낼 필요가 있다.

우리가 누군가를 보고 "저 사람은 건강해"라고 말할 때 건강이라는 말 속에는 '아프지 않고 건강한 사람', '활동할 기력이 있는 사람'이라는 두 가지 의미가 포함되어 있다. 나도 평소에는 이러한 건강의 의미를 그다지 의식하지 않았다. 그런데 밭일을 하던 86세 남성과 대화를 나누며, 나이 든 사람들의 건강은 정말로 이 두 가지 의미에 유의해서 생각해야겠다는 사실을 깨달았다.

어느 날 나는 밭일을 끝내고 엄청난 양의 쓰레기를 치우고 있는 남자를 보았다. 노인이 어찌나 그렇게 힘이 센지 깜짝 놀라 "정말 건강하시네요!"라고 말을 걸자, 그는 "건강한 게 아니고 기력이 있는 게지. 기력이 없으면 노인네가 이런 일을 어떻게 하겠나"라고 대답했다. 내가 말한 건강의 의미를 아프지 않고 건강하다는 의미로 해석한 남성이 건강이 아니라 '기력이 중요하다'고 되받아친 것이다.

곰곰이 생각해보면, 앞서 말한 작가들의 경우에는 집필이나 강연 의뢰 등 외부의 요청을 받으면 '나는 꼭 필요한 사람'이라는 자존감이 생기고, 자기 삶에 살아갈 의미를 부여하여 기력을 북돋는 계기가 될 것이다. 또한 요청받은 과제에 몰두하다 보면 하루하루 시간이 빠듯하게 채워져, 남아도는 시간을 주체하지 못해 당황하는 일 없이 기력을 유지할 수 있을 것이다. 히노하라 시게아키 씨의 수첩은 앞으로 3년 동안 처리할 스케줄로 가득 차 있었다고 한다.

하지만 외부로부터의 요청은커녕 경로사상을 내세워 누구도 그에게 아무것도 요구하지 않고, 그래서 해야 할 일이 전혀 없는 평범한 노인들은 어떨까. 자기 스스로 할 일을 찾아 선택하고, 그 일들을 하나하나 완수해가며 혼자 힘으로 삶의 의미와 기력을 찾는 수밖에 없다. 외부와 교류하며 기력을 유지하는 유명한 고령 작가들과 달리, 그들에게는 스스로 과제를 선택하는 힘, 하루하루 과제를 수행하는 힘 같은 또 다른 종류의 힘이 필요하다.

이런 의미에서 보면 내가 인터뷰를 한 노인들은 과거에 병을 앓았거나, 현재 질병이 있거나, 청력을 잃었거나, 보행장애가 있음에도 불구하고 다들 기력이 있는 사람들이었다. 그 중에서도 세 사람은 특히 기력이 왕성해서 "진짜 대단하시네요!"라는 말이 저절로 나올 정도였다.

　1장에서는 이들 세 명의 생활을 소개해보겠다. 이를 통해 평범한 장수 노인들의 건강과 기력의 토대가 무엇인지 밝혀내고자 한다.

1장

장수하는
사람들의
일상생활

◇◇◇◇◇◇◇◇◇◇◇◇◇◇◇◇◇◇◇◇◇◇◇◇◇◇◇◇◇◇◇◇◇◇

1 0 0

y e a r s

o l d

딸은 죽고 사위와 함께 사는 100세 여성 A씨

"귀도 먹었고 다리도 불편하지만,
기력은 넘친다오."

장수 노인들 가운데 백 살이 다 된 나이(조사 당시, 이하 동일)
에도 삶의 기력이 넘쳐 '정말 대단한 사람'이라는 느낌을 가장
강하게 준 사람이 바로 A씨였다.

우선 A씨를 간단히 소개한 후에 그녀가 기력을 생성하고 유
지하는 원동력이 무엇인지 찾아보도록 하겠다.

[A씨 프로필]

1917년에 태어났다. 60대일 때 남편이 사망했고, A씨의 힘으로 장만한 자택
에서 딸 부부와 함께 살았다. A씨 나이 86세에 딸이 사망했는데, 딸이 죽고
나서도 사위(70세가 다 됐다)와 계속 같이 살고 있다. 경제적인 부분은 A씨가
정년까지 35년간 일해서 받는 연금으로 생활한다. 귀가 잘 들리지 않아 일상

적인 대화는 필담으로 나눈다. 앉았다가 일어서기 힘들고 걷는 데에도 불편함이 있지만, 중증 질환이나 과거 병력은 없다.

A씨의 일상생활을 보며 내가 가장 놀란 것은, 백 살이 다 된 그녀가 한 번도 거르지 않고 꼬박꼬박 사위의 식사를 챙기는 모습이었다. 그녀는 식비나 전기세 등 생활비를 전혀 내지 않는 사위의 뒷바라지를 꼼꼼하게 했다.

뿐만 아니라 식당을 운영하는 손자를 위해 랏쿄(염교 뿌리—옮긴이) 식초절임을 매년 40킬로그램씩이나 담갔다.

취미가 뜨개질인 A씨는 지금도 여전히 뜨개질 교실에 다닌다. 자기 것뿐 아니라 멀리 떨어져 사는 아들과 손자, 증손자를 위해서도 뜨개질을 하고, 지역 주민회관인 공민관에서 축제가 열릴 때마다 뜨개질 작품을 매년 두세 점씩 출품하고 있다.

무엇보다 그녀는 매일 자기가 정한 일과에 따라 이 일들을 규칙적으로 수행했다.

이처럼 습관화된 A씨의 생활방식에서 나는 A씨가 살아가는 기력을 발견하고 '정말 대단하다!'고 느꼈다.

A씨의 이야기를 들으며 구체적으로 살펴보자.

시계만큼 정확한
하루 일과

A씨의 하루는 사위의 식사 준비를 중심으로 구성한 일과대로
움직인다.

A : 나처럼 시계를 보며 하루를 보내는 사람도 드물 거예요.

아침 5시 직후에 눈을 떠서 텔레비전을 보다가 6시 10분 전에 일어
납니다. 일어나서 바로 불상 앞의 물을 갈죠. 불단이 1층하고 2층
에 하나씩 있어 오르내리기가 조금 힘든데 그래도 계단의 안전 손
잡이를 잡고 다녀요. 그 일이 끝나면 옷을 갈아입고 식사 준비를
해요.

사위에게 아침을 차려준 다음 설거지를 하면 7시. 그러고는 보통
뜨개질을 해요. 11시 반이 되면 점심을 먹고 정리하죠. 3시 반쯤에
저녁을 준비하고 보통 5시에 사위에게 저녁을 차려줍니다.

저녁 설거지를 하고 나서 목욕을 해요. 그후엔 7시나 8시까지 텔레
비전을 보다 잠이 들죠. 매일 정해진 시간대로 움직이니 꽤 바쁘답
니다.

A씨의 이야기를 들어보면 집안일을 중심으로 일과를 짜고 철
저히 지키는 일을 자신의 생활 과제 중 하나로 삼고 있음을 알
수 있다. 매일 정해진 시간대로 움직이고 그것을 하나하나 달성

하는 일은 '나처럼 시계를 보며 하루를 보내는 사람도 드물다'라
는 A씨의 자부심으로 이어진다. 매우 바쁜 일상생활이 그녀가
힘을 내도록 격려하는 요소임을 알 수 있다.

　시간대로 움직여야 하는 정해진 집안일 외에, 생활협동조합
에서 가져오는 재료로 음식을 만들 때도 A씨 나름의 명확한 기
준이 있었다.

　A : 음식에 무척 신경을 쓰는 편입니다. 이미 만들어진 조리식품은
　절대 상에 올리지 않고, 전부 직접 내 손으로 만들어요.
　밥은 백미 한 컵, 현미 한 컵, 보리 배아 한 컵을 섞어서 짓습니다.
　낫토(콩을 삶아 발효시킨 식품―옮긴이)와 시금치를 자주 상에 올려
　요. 염분은 많이 쓰지 않죠. 몸에 좋다는 건 뭐든 먹어요. 특히 식
　초로 만든 음식은 꼭 먹어야 해요. 과일도 자주 먹습니다. 다른 사
　람한테 이렇게 음식을 해줄 수 있다는 게 행복이죠. 힘들다고 생각
　하진 않아요.

　매일 하는 집안일에 더해 달마다 계절마다 명절마다 연례행
사처럼 치르는 특별한 집안일도 있다.

　음력 초하루와 보름에는 팥으로 찰밥을 짓고, 랏쿄가 나는 초
여름에는 감초절임을 만든다. 오이나 가지 같은 여름 채소들을
직접 기르고, 한여름 복날에는 장어를 준비한다. 마른 치어가 나

오는 계절에는 그걸 사서 조카들에게 보낸다.

　이런 과제들을 하나하나 달성하는 일은 삶의 자극이 되며, 단조로워지기 쉬운 생활에 적절한 생동감을 준다. 그 많은 집안일을 한다는 것도 그랬지만, 나는 그녀가 엄청난 양의 랏쿄를 직접 절이는 모습을 보고 깜짝 놀랐다.

> **A : 죽은 딸의 아들(손자)이 식당을 하거든요. 가게에서 사용할 랏쿄를 해마다 30~40킬로그램씩 담가줍니다. 거실에 앉아서 랏쿄 뿌리를 다듬죠.**
>
> 아흔다섯 살 때까지만 해도 60킬로그램씩 담갔어요. 예전엔 랏쿄 식초도 직접 만들었는데 요즘은 식초만큼은 사서 담가요.
>
> 하나도 힘들지 않습니다. 내가 좋아서 하는 일이니까요. 밭에 나가 직접 농사도 지어요. 오이랑 토마토. 그런데 풀이 자꾸 나잖아요. 그게 힘들고 싫어요. 나는 풀을 뽑느라 쭈그리고 앉으면 바로 일어나질 못하거든요.

　백 살이 다 된 사람이 30~40킬로그램의 랏쿄 수염뿌리를 다듬는 고단한 일을 매년 하다니! 내가 상상조차 하지 못했던 일이다.

긍정적 사고의
힘

A씨의 삶을 지탱하는 힘은 가까운 친족인 사위, 아들, 손자, 조카들과의 유대관계 속에서 '내 역할을 제대로 해야 한다'라는 마음가짐으로부터 샘솟고 있었다. 하지만 사위가 식비나 전기세 등 생활비를 전혀 부담하지 않는다는 걸 보면, A씨가 들이는 많은 시간과 비용에 비해 그녀에게 돌아오는 보상은 충분치 않은 듯했다.

그런데 만약 A씨가 이처럼 균형이 맞지 않은 관계에 불만을 품고 불평을 늘어놓는다면 더는 사위와 함께 살 수 없을 것이다. 건강을 유지하는 기력의 원천인 음식 준비 위주의 일과도 깨지고 A씨의 생활에도 분명 변화가 생길 것이다.

친밀한 사이일수록 부당함을 느껴도 혼자서는 관계 개선을 할 수 없다. 그것이 바로 인생이다. 손해를 보는 것 같다고 해서 생활 자체를 바꾸는 것이 아니라, "좋아서 하는 일이니까요", "하나도 힘들지 않습니다"라고 현재를 긍정하는 A씨의 유연함이야말로 그녀가 백 살이 다 되어서도 기력을 잃지 않는 비결이었다.

그렇다면 긍정적 사고로 방향을 전환하는 A씨의 유연성은 어떤 형태로 만들어질까.

A씨에게 얹혀 사는 사위가 외출할 때 자동차 운전을 하거나 욕실 청소를 하는 것 외에는 집안일도 하지 않고, 식비나 전기세도 내지 않는다는 말을 들은 나는 조금 무례한 질문인 줄 알면서도 "생활비를 한 푼도 안 낸다뇨. 그건 너무 심하네요. 화 안 나세요?"라고 물어보았다. 그러자 A씨는 이렇게 대답했다.

A : 생활비야 뭐, 안 내도 괜찮다고 내 마음속으로만 생각해요. 그건 사위를 위해서라기보다 손자를 위해서예요. 손자한테는 엄마가 죽었으니 아버지밖에 없는 거잖아요. 얼마나 소중한 아버지겠어요? 그런 아버지를 험담하면 싫지, 싫고말고요. 그래서 절대로 생활비 얘기는 안 꺼내요.
게다가 죽은 딸이 손자하고 증손자를 잘 챙겨달라는 부탁을 하고 갔어요. 나는 그 약속을 지킬 의무가 있죠. 그래서 사위가 건강을 잃지 않게 신경을 쓰는 거예요. 음식의 염분을 줄여가면서.
제가 영원토록 살 수 있는 건 아니잖아요. 지금은 이런 일을 할 수 있으니 행복하죠. 정말로 그렇게 생각합니다.

그녀가 조카들과 다른 친척에게 선물을 계속 보내는 이유도 따로 있었다.

A : 저는 7남매인데 모두 다 죽고, 있어도 그만 없어도 그만인 나

혼자만 남았어요. 조카들을 보살피라고 건강한 몸으로 태어난 모양이에요. 그렇게 생각하고 오차즈케(녹찻물에 밥을 말아 고명을 올려 먹는 일본식 국밥—옮긴이)라도 해서 먹으라고 마른 치어를 보냅니다. 내가 그걸 보낼 무렵이 되면 모두들 기다리고 있어요. 그러니 제대로 보내야죠.

앞의 두 가지 대답을 듣고 A씨가 삶을 살아가는 방식을 파악할 수 있었다. 생활 속에서 형성된 친밀한 관계라면 득실을 따지지 않고 자신을 희생하는 것. A씨에게 중요한 의미가 있는 사람들, 즉 손자나 증손자, 나아가 다른 시공간에 있는 죽은 딸이나 형제들 같은 대상에 대한 애정과 의무는 그 답례의 형태로 부정적인 생각들을 긍정적인 생각으로 전환시켜주고 있었다. 이러한 유연성의 힘은 "이런 일을 할 수 있으니 행복하죠"라는 A씨의 적극적인 생활 태도로 이어졌다.

내가 '대단하다!' 하고 놀란 A씨의 기력을 유지케 하는 원동력을 이런 관점에서 다시 한 번 정리하면 다음과 같다.

먼저 청각장애가 있고 걷는 것이 불편하긴 하지만 큰 병 없이 일상생활을 할 수 있는 신체적인 건강이다. 이것은 매우 중요한 요소다.

또한 과하다는 생각이 들 만큼 매일 일정하게 정해진 일과를 보내는 것이다. 체력 저하를 핑계 삼아 할 일을 미루지 않고 스케줄대로 일과를 수행하면서, 자신을 통제하고 철저하게 시간 관리를 하고 있었다.

다음으로, 변함없이 지금의 생활을 유지하기 위해 자신의 의지와 다르거나 생각하기에 따라서는 자기에게 부당하더라도 긍정적 사고로 전환해 단숨에 끊지 않고 관계를 지속해나가는 힘을 들 수 있다.

이처럼 A씨가 하루하루 끊임없이 노력해서 쌓아올린 행동들의 결과는 어떠한가. A씨는 가까운 사람들에게 없어서는 안 되는 꼭 필요한 사람이 되었고, 그것은 A씨의 삶을 격려해, 그녀가 기력을 유지하는 원동력이 되었다.

여든이 넘은 후 새로운 삶을 시작한 B씨

83세에 20만 엔이 넘는
재봉틀을 장만하다

앞서 소개한 A씨는 과하다는 생각이 들 만큼 많은 집안일을
매일 규칙적으로 완수함으로써 기력을 지키고 있었다.

그런데 그녀와는 조금 다른 성격의 기력으로 놀랄 만한 초고
령기를 보내고 있는 사람들이 있다. 98세인 남편과 생활하는 여
성 B씨(95세), 85세의 부인과 함께 사는 남성 C씨(91세)다.

두 사람의 공통점은 즐겁게 몰두할 수 있는 취미를 갖고 있으
며, 나이가 들어서도 새로운 사회 관계를 구축하고 원만한 부부
사이를 유지하는 힘이 있다는 것이었다.

그럼 먼저 B씨의 생활을 살펴보며, 그녀의 기력이 어디에서
부터 비롯되는지를 알아보자.

[B씨 프로필]
1921년에 태어났다. 98세인 남편과 둘이서 산다. 자녀는 두 명인데, 딸이 같은 시市에 거주한다. 80대에 두 번 입원한 경험이 있지만, 별다른 질병은 없다.

B씨의 이야기를 들으며 나는 '나이에 얽매이지 않고 새로운 일을 선택하는 힘'이 현재 B씨의 기력을 지탱하는 밑바탕이라는 사실에 주목했다.

B씨는 여든이 넘어서 두 가지 새로운 선택을 했다. 하나는 지역사회에서 적극적으로 활동하기 시작한 것이고, 다른 하나는 83세에 20만 엔이 넘는 재봉틀을 장만한 일이다. 이 두 가지는 나이에 얽매이는 사람이라면 '이제 와서 뭘, 벌써 나이가 몇인데……'라며 포기할 만한 일들이다.

80대에 결정한 이 선택들이 현재의 기력에 얼마나 영향을 미쳤을까. B씨의 이야기를 자세히 들어보자.

다음이 B씨가 하루를 보내는 모습이다.

B : 아침 6시에 일어나 아침 준비를 하죠. 아침식사로는 빵과 된장국, 채소나 과일을 먹습니다. 식사를 한 후에는 빨래나 청소를 해요. 오전에 모임이 있는 날은 외출하고, 없을 때는 텔레비전을 보면서 뜨개질이나 옷 수선을 합니다. 남편은 일주일에 두 번씩 주간보호센터에 나가는데, 안 가는 날은 밖에서 풀을 뽑거나 집에서 달그락거리죠.

점심을 먹고 나서는 모임에 나가거나 뜨개질, 옷 수선을 합니다. 낮잠은 안 자고 저녁은 7시쯤에 먹어요. 남편은 일찍 자지만 나는 11시나 되어야 잡니다. "조금만 더 하던 것만 마저 하고 잘게" 하고 남은 작업을 해요.

앞서 보았던 A씨와 마찬가지로 B씨의 하루도 매우 규칙적이었는데, 역시 일과 시간표대로 움직이고 있었다. 하지만 가족이나 친족을 위한 집안일 중심으로 일과가 꾸려졌던 A씨와 달리, B씨는 지역활동에 참여하거나 낮에는 물론 밤 11시까지도 뜨개질이나 옷을 수선하는 데 들이는 시간이 길다는 점이 특징이었다.

할머니가 되어서야
낯가림을 극복하다

B씨는 요일마다 다른 스케줄로 시간을 활용했다. 지역사회의 취미활동에 참여하는 시간에 맞추어 적절하게 일정을 조정하고 있었다.

B : 지역활동에 참여하는 횟수요? 한 달에 다섯 번 정도 지역 살롱 (노인이 걸어서 갈 수 있는 거리에 지역 주민들이 서로 교류할 수 있도록 지역복지의 일환으로 만들어진 장소—옮긴이) 모임이 있어요. 그리고 노인회에서 하는 민요 교실, 동요 부르기, 종이 접기, 재활 활동 등

에도 참여해야 해서 무척 바쁘답니다. 건강해지고 싶어 전부 참석하고 있어요. 민요는 여든 살이 넘어서 시작했죠. 종이 접기는 8년 전쯤 시작했으니 여든여섯 살 때부터 한 거고요.

지역활동과 바느질, 옷 수선과 같은 수예. 이 두 가지 과제를 중심으로 하여 열정적으로 몰입하는 B씨의 하루는 무척 바쁘다. 그런데 전업주부였던 그녀가 이런 활동들을 시작한 것은 80세가 넘어서였다. 과거에는 낯가림이 심해 집 안에만 틀어박혀 지냈던 그녀가 초고령기의 할머니가 된 후 변신을 꾀하게 된 것이다.

B : 외부활동의 재미에 푹 빠지기 시작한 게 여든 살이 넘어서예요. 그때까지는 온전히 집 안에서만 생활했죠. 구들장만 이고 살다 보니 밖에 나가면 낯가림이 심해 말도 잘 못 했습니다. 그냥 그렇게 사는 걸로만 알았어요.
그런데 친한 사람 중에 지역활동을 열심히 하는 사람이 있었는데 어느 날 저에게 '집에만 있으면 안 된다. 밖에 나가서 다른 사람에게 신세를 좀 지게 된다 해도 너무 신경 쓰지 마라. 받은 은혜는 젊은이한테 갚으면 된다'고 하더라고요. 그 말을 듣고 마음이 편해져서 여기저기 나가보게 됐고, 이제는 누구하고라도 대화를 나눌 수 있게 됐어요.

바느질과 뜨개질 또한 B씨의 일상에서 상당히 큰 비중을 차
지했는데, 그녀는 자신이나 가족을 위해서가 아니라 지역 주민
들을 위해 그 일을 하고 있었다. 바느질과 뜨개질이 B씨와 지역
사람들을 연결하는 매개체 역할을 하고 있었던 것이다.

기력을 유지하는 비결은
'나는 누군가에게 필요한 사람'이라는 인식

이런 생활을 하게 된 계기는 83세에 B씨가 남편의 반대를 무
릅쓰고 재봉틀을 새로 산 것이라고 한다.

B : 전에 쓰던 재봉틀이 여든두 살 때 망가졌거든요. 새 재봉틀을
사자니 20만 엔이 넘는 큰돈을 써야 해서 망설여졌지만, 그래도 너
무 갖고 싶었어요. 남편은 "20만 엔이 넘는 걸 새로 사다니, 지금
부터 죽을 때까지 옷을 사 입어도 그 돈보단 적게 들겠다"며 맹렬
히 반대했어요. 하지만 새 재봉틀을 꼭 갖고 싶었기 때문에 제가
고집을 부렸죠.

내 나이가 몇 살이라거나 앞으로 어떻게 될지에 대해서는 생각하지
않아요. 어쨌든 오늘 하루, 오로지 눈앞의 일만 바라봅니다. 그렇게
해서 새 재봉틀을 장만하고 나니 '이걸로 뭔가 할 일이 없을까?' 하
는 생각이 들더군요. 그러던 어느 날 이웃집 사람이 소매를 수선하
고 싶어하기에 "그럼 내가 고쳐줄까" 하고 말을 걸어봤어요. 그러

면서 차츰 이웃들이 수선할 옷가지들을 가져오게 되었지요.

83세에 새로 산 재봉틀. 그것이 이웃과의 교류 없이 살던 B씨에게 지역 주민과 새로이 교제를 시작할 기회를 주었고, 90대인 지금의 생활에 재미와 기력을 더해주고 있다. 계속 이야기를 들어보자.

필자 : **바느질이나 뜨개질에 많은 시간을 들이시는데 구체적으로 뭘 하시나요?**

B : 이웃사람들의 옷을 수선하거나 바지 길이를 줄입니다. 기모노 같은 것도 꿰매요. 사실 돈은 필요 없지만, 공짜로 해주면 다들 미안해 하니까 100엔씩 받고 있습니다. 기모노는 주로 전통춤을 추는 사람의 옷으로, 헤진 곳을 수선합니다. 뜨개질은 지역 축제인 바자회에 목도리나 작은 액세서리 소품을 만들어서 출품하고 활동 자금으로 씁니다. 그걸 하면 신바람이 나니까 더 기를 쓰고 하는데 정말로 즐거워요.

B씨의 이야기를 듣다 보니 A씨와의 공통점이 발견되어 매우 흥미로웠다. 그것은 바로 두 사람 다 과중하다는 생각이 들 만큼 많은 일들을 일상적으로 수행함으로써 기력을 유지하고 있다는 사실이었다.

물론 A씨는 주로 가족이나 친족을 위해 집안일을 하고, B씨는 지역 사람 중심의 일을 한다는 특징이 있다. 그런가 하면 그들이 들인 시간이나 노력에 비해 돌려받는 대가는 아주 적고, 금전적으로 계산하면 크게 손해 보는 일을 하고 있다는 것도 두 사람의 공통점이었다.

A씨와 마찬가지로 B씨 역시 그러한 일상생활을 통해 삶의 격려를 받고 있었다. "신바람이 나니까 더 기를 쓰고 하는" 거라는 말에서 알 수 있듯, 그녀들에게는 그녀들이 날마다 힘을 낼 수 있도록 격려해주는 과제가 있었다. 그 과제를 달성하며 스스로 자신감과 기쁨을 느끼는 한편, 사람들과 교류하며 그들에게 필요하고 의미 있는 사람이 되어 하루하루를 보내는 것이다.

B씨가 83세에 재봉틀을 장만한 일은 돈으로 환산할 수 없는 기력 넘치는 생활의 출발점이 되었다. 그 사실이 내게는 매우 의미심장하게 다가왔다.

빨리 변하지 않으면
변할 시기를 놓친다

아내 못지않게 B씨 남편의 이야기도 무척 재미있었다. B씨의 남편은 95세가 넘은 후부터, 예전에는 손도 대지 않았던 집안일을 하기 시작했다고 한다.

B : 옛날엔 필요하면 집 외부 정리나 좀 했으려나? 하지만 지금은 욕조를 닦아주기도 하고, 내가 외출하는 날엔 "빨리 가. 내가 할 테니까" 하면서 설거지 같은 걸 해줍니다. 이렇게 바뀐 게 2~3년밖에 안 됐어요.

B씨의 남편 : 빨리 변하지 않으면 변할 시기를 놓치니까요. 혼자서 살 수는 없잖습니까. 아무래도 아내의 힘을 빌리지 않고는 살아갈 수 없지요.

나이가 들어도 환경에 따라 계속 변화할 수 있는 힘. '빨리 변하지 않으면 변할 시기를 놓친다.' 참으로 깊은 울림을 주는 말이다.

B씨 부부의 기력이 얼마나 강한지는 "나이가 이렇게 많으신데, 당번 회장 역할은 면제해드려야죠"라는 주위의 만류에도 불구하고 남편은 96세, 아내는 93세에 지역 반상회 회장을 맡아 임기인 1년 동안 멋지게 임무를 완수해서 사람들을 놀라게 한 것만 보아도 알 수 있다.

나이라는 굴레 안에 자신을 가두지 말 것. 그리고 즐겁게 생활할 것. 이 두 가지가 B씨의 기력의 근원이었다. B씨와의 만남은 초고령자들에게도 이 두 가지 힘이 얼마나 중요한지 배울 수 있었던 값진 체험이었다.

앞으로 뜨개질을 배우고 싶다는 남성 C씨

"나이? 성별?
그런 게 뭐 중요한가?"

C씨도 B씨와 마찬가지로 현재의 생활을 만끽하는 사람이었다. 나이에 얽매이지 않고 새로운 일에 도전하며 활기 넘치는 나날을 보내고 있었다.

아내와 단둘이 사는 C씨는 아침밥 짓기, 청소, 빨래 등의 집안일을 하는 것은 물론이고, "100세 인생이니 지금부터는 뜨개질을 배우고 싶다"고 말해서 나를 놀라게 했다.

나는 지금까지의 여러 조사 경험을 통해, 고령의 남성은 '앉아서만 지내는 사람, 성격이 완고한 사람'이 아주 많다는 선입견을 갖고 있었다. 외부와의 교류에 소극적이고, 집에서는 손도 까딱 안 하고 가만히 앉아서 아내를 부려먹으면서, 자기 뜻대로 해주지 않으면 버럭 소리나 지르며 끝까지 고집을 부리는 할아버지 말이다.

하지만 C씨의 모습은 틀에 박힌 고령 남성의 이미지와는 전혀 달랐고, 나는 성별에 구애받지 않는 유연한 삶의 방식이 초고령기의 기력을 유지시키는 힘이 될 수도 있음을 알게 되었다.

[C씨 프로필]

1925년에 태어났다. 가파른 언덕 위에 있는 집에서 85세인 아내와 둘이서 생활한다. 자녀는 딸만 셋을 두었는데 그 중 두 명은 같은 시에 살고 있다. 41세에 오른쪽 눈을 실명했고, 88세에 중병에 걸려 입원했던 적이 있다. 젊을 때부터 자동차 운전은 하지 않는다.

C씨의 하루 일과를 살펴보자.

C : 새벽 5시에 일어나 아침 먹을 준비를 하고, 6시 25분부터는 〈TV체조〉(NHK에서 매일 10분간 노인이나 장애가 있는 사람도 쉽게 따라 할 수 있도록 제작한 체조 방송 —옮긴이)를 따라 합니다. 체조가 끝나면 아침밥을 지어서 7~8시까지 먹어요. 설거지는 아내가 합니다. 9시쯤부터는 산책을 하는데 그냥 걸을 때도 있고 장보기 겸 산책을 할 때도 있어요. 봉사활동을 하는 날은 보통 9시에 외출합니다. 점심은 부부가 각자 따로 만들어 먹습니다.

오후에는 우쿨렐레를 연주하는 등 자기가 좋아하는 취미로 시간을 보내고, 아내가 만든 저녁을 함께 수다를 떨며 두 시간 가량 천천히 먹습니다. 쓰레기 버리기, 청소, 빨래는 내가 적당히 알아서 합니다.

일주일이나 한 달의 시간 활용 방법은 자원봉사나 옛 동료와의 모임 등의 일정에 따라 달라졌다.

C : 정기적으로는 한 달에 세 번씩 낭독 봉사를 하는데, 부정기적으로 추가되는 날도 있습니다. 난치병 환자의 침대 옆에 앉아 책을 읽어주거나, 녹음을 하는 일이지요. 내가 일흔한 살 때부터 20년간 계속 해온 일입니다. 한 달에 한 번은 옛날 동료들과 노래방에도 가고요. 여든 살까지는 지역 자치회장을 맡았었죠.

20년간 이어온 낭독 자원봉사와 집안일이 C씨의 소중한 일과다.

매일 공들여
아침밥 짓기

그가 일상적으로 하는 일 가운데 가장 흥미로웠던 활동은 아침식사 준비였다. "평생을 펜대만 굴리다 퇴직한 사람이 은퇴하고 나서 갑자기 음식을 만들기 시작했어요. 가끔 들르는 딸은 양이 많다며 '아침식사만 해도 우리 집 하루치는 되겠는데?' 하며 놀라곤 해요"라고 인터뷰 자리에 함께한 아내가 설명했다. 나는 C씨가 일어나자마자 아침 먹을 준비를 한다는 게 뭔지 몰라서 "아침 먹을 준비라는 게 뭐예요?"라고 다시 물어보았다.

C : 아침에 된장국을 끓이는데, 국을 끓이기 전에 이런저런 준비가 필요해서요. 채소로 먼저 육수를 냅니다. 자세하게 설명하자면 멸치 7마리를 넣고 끓인 육수에 양배추, 당근, 양파, 호박을 넣고 40분 정도 삶습니다. 그런 다음 채소는 전부 망으로 건져내고 먹기 직전에 그 육수에 미역, 두부, 유부를 넣어 된장국을 만듭니다. 육수 맛이 깊어 아주 맛이 좋아요.

필자 : 건져낸 채소는 전부 버리시나요?

C : 따뜻하게 삶아진 채소는 건져 먹습니다. 그 밖에 아침 반찬으로는 마를 갈아서 날달걀을 섞어 먹어요. 이건 하루도 거르지 않고 꼭 먹습니다. 무도 갈아서 따뜻한 채소 위에 얹어서 먹고요. 아내가 만든 히지키(일본식 톳나물 조림―옮긴이)나 마른 무조림, 삶은 두부 같은 밑반찬도 아침에 먹지요.

아침 먹을 준비란 된장국 육수 만들기였는데, 감탄스러울 만큼 정성을 들이고 있었다. 아내가 설명하는 점심 이야기도 흥미로웠다. 지금까지 내가 만나본 초고령기 부부 중에는 사이가 좋지 않은 부부를 빼고는 점심을 따로 먹는 사람이 없었기 때문이다.

C씨의 아내 : 점심은 각자 좋아하는 것을 먹어요. 나는 면이 먹고 싶으면 면 종류를 먹고, 남편은 빵을 먹는 식으로요. 물론 같은 걸 먹을 때도 있지만요.

건강을 유지하기 위해 스포츠 교실에 가거나 지역활동을 하느라 집을 비우는 아내와 합의하여 그렇게 결정한 일이라고 한다. 자신이 음식을 만들게 된 이유를 C씨는 이렇게 설명했다.

C : 먹는 것에 관한 일은 누구든 스스로 해야 합니다. 먹지 않으면 살아갈 수 없으니까요. 도시락만 사서 먹으면 몸을 움직일 수 없게 돼요.

제대로 밥을 챙겨 먹지 않으면 건강을 유지할 수 없다. C씨가 직접 아침식사를 만드는 이유는 바로 건강 때문이었다.

몸이 불편해지자
다른 사람을 돕고 싶어졌다

건강을 중시하는 C씨의 생각은 다른 일과에도 그대로 적용되고 있었다. "지금까지 부부 둘이서 생활하시면서 손자나 자녀에게 자랑할 만한 일이 있었나요?"라고 묻자, C씨는 이렇게 대답했다.

C : 자랑할 만한 일이라. 쉰 살부터 지금까지 40년 동안, 아파서 반 년 정도 쉬었던 때를 빼고는 매일 걷습니다. 대략 한 시간, 하루에 7천~8천 보. 이건 아무나 할 수 있는 일은 아니지요.

체력을 유지하기 위해 40년간 날마다 한 시간씩 걷고 있다. 이 일을 하루도 빠짐없이 하는 것은 결코 쉬운 일이 아니다.

게다가 C씨는 건강을 유지하고 기력 넘치는 생활을 하기 위해, 생활에 생동감을 더하는 사회활동에 참여하거나 자기만의 즐거움을 찾는 데에도 무척 의욕적이었다. 20년 동안 계속 해온 낭독 자원봉사, 우쿨렐레 연주, 옛 동료와 노래방 가기 같은 것들이 모두 그런 활동들이다.

C : 봉사활동을 시작한 건 한쪽 눈을 실명하고 나서부터입니다. 나도 누군가에게 도움을 주고 싶다고 마음먹게 된 계기가 되었죠. 88세에 중병에 걸려 수술한 후에 봉사활동을 그만두려고 했던 적도 있지만, 많은 분이 회복을 축하해주시기도 했고 그래서 그만두지 않고 계속 하고 있어요. 생활의 리듬도 생기고 무언가 할 일이 있으면 아침에도 벌떡 일어나집니다. 지금은 돌아가셨지만 난치병을 앓던 분의 집에 가서 책 읽는 일을 꽤 오래 했습니다. 그분은 의지가 강한 분이셔서 제가 해드린 것보단 배운 게 더 많았지요.

노년의 남성은
의식 변화가 필요하다

앞서 소개한 A씨, B씨와 C씨는 크게 다른 점이 있다. 여성인 A씨와 B씨는 젊어서부터 해왔던 예전의 성별 역할을 의식하고 집안일을 계속 수행하고 있었다. 현재도 그 능력을 발휘하여 하루 일과를 짜고 친족이나 지역 주민과의 관계를 유지하고 있다.

이에 비해 남성인 C씨는 '건강을 위해서', '아내에 대한 배려'로 집안일을 하고 있다. 사회 참여도 한쪽 눈이 보이지 않는 자기 체험을 바탕으로 '다른 사람에게 도움이 되고 싶다'라는 동기에서 시작했다.

이것을 남녀 차이라는 관점에서 보면 무척 흥미로운 사실을 발견할 수 있다.

여성은 젊어서부터 익숙한 자기 역할의 연장선상에서 자신의 능력을 발휘하며 초고령기를 살아간다.

반면 남성은 직업을 갖고 한 가정의 가장 역할을 담당하며 집안일이나 지역활동과는 무관한 삶을 살아왔다. 그런 남성이 초고령기에 기력 넘치는 생활을 하고 싶다면, 익숙하지 않은 영역에서 활동할 수 있도록 자신의 의식과 태도를 바꿔야 한다.

C씨는 그런 의미에서 낭독 자원봉사나 집안일을 일상적인 활동으로 선택했다. 그는 "앞으로 100세까지 사신다면 무엇을 하고 싶습니까?"라는 나의 질문에 이렇게 대답해 놀라움을 안겨주

었다.

C : 저는 여든네 살에 우쿨렐레를 배우기 시작했어요. 만약 백 살
까지 살 수 있다면 그런 거라도 하면서 살고 싶어요. 좋아하니까
요. 그리고 지금부터라도 새로운 걸 배운다면 뜨개질을 해보고 싶
습니다.

필자 : 어머! 뜨개질요?

C : 걸어다니지 못하게 되면 할 만한 일이 뜨개질 정도가 아니겠
습니까. 멋들어진 모자를 짜보고 싶네요. 욕심이 있다면 그 정도지
요. 우쿨렐레를 연주하거나.

그의 앞에서는 "어머! 뜨개질요?"라고 반문했지만, 죽음이 임
박한 사람의 침상 옆에서 오랫동안 낭독 자원봉사를 하며 사람
이 '죽어가는 과정'을 보았기 때문에 뜨개질이라는 대답이 나왔
는지도 모르겠다는 생각이 들었다.

또 다른 건강한 노인들

노인에 대한
선입견을 버려라

건강한 장수 고령자 중에서도 특히 '대단하다'고 감탄할 만한 모습을 보여주고, 무엇보다 내가 가졌던 장수 고령자의 이미지를 크게 바꿔준 A씨, B씨, C씨 세 명을 중심으로 그들의 삶의 원동력이 무엇인지를 살펴보았다.

그들의 이야기를 종합해보면, 매일 자신이 선택한 과제가 있고 정해진 대로 규칙적인 생활을 하는 것, 그리고 다른 사람과의 유대관계 속에서 타인에게 꼭 필요한 사람이 되어 삶의 의미를 찾는 것이 기력을 북돋고 유지시켜주는 근본이 된다는 점을 알 수 있다.

또한 신체 건강을 유지하기 위해서는 날마다 제대로 된 음식을 만들어 먹고, 산책을 하든 집안일을 하든 계속 몸을 움직이며, 자신이 재미를 느끼는 취미생활을 해야 한다. 이것을 일상생활에서 습관화시키는 것이 건강의 필수 요소임을 알 수 있었다.

여기에서 모든 사례를 전부 소개할 수는 없지만 약간의 차이가 있긴 해도 정해진 일과를 중심으로 하여 규칙적으로 생활하는 것은 다른 장수 고령자들에게서도 공통적으로 볼 수 있는 특징이었다.

98세에 밭농사를 짓는 한편 지역 살롱의 리더 역할을 하는 D씨(여성), 그 지역 살롱 모임에 참여하는 97세의 E씨(여성)는 70대 아들의 식사 준비와 밭일이 주요 일과였다. 마찬가지로 그 모임 멤버인 91세의 F씨(여성)도 집안일로 하루하루의 시간을 채웠다.

혼자 사는 G씨(100세 여성), H씨(97세 여성), I씨(88세 여성)는 사이좋은 삼인조로, 아들 차를 타고 한 달에 한 번씩 온천 나들이를 즐기고, 밭일을 하거나 자신의 식사를 직접 만들어 먹는 걸로 몸을 움직였다.

100세인 J씨(여성)는 자영업을 하는 아들을 돕기 위해 지금도 가게에 나가서 자신의 용돈을 번다. 91세의 K씨(여성)는 지역 살롱의 과자 만들기를 담당하고, PC를 활용하여 판매업을 하는 딸의 세금확정 신고를 대신 해준다.

90세 남성 L씨는 작은 화물차를 몰고 매일 귤밭에 다닌다. 서

로 다른 현에 거주하는 96세의 M씨(여성)와 93세의 N씨(여성)
는 버스를 타고 현과 현의 경계에 위치한 온천 료칸(일본의 전통
적인 숙박시설― 옮긴이)에서 만나 4~5일 동안 숙박하며 60여 년
계속된 돈독한 우정을 나눈다 등.

　내가 만난 장수 노인들의 기력 넘치는 생활 모습을 보며 그 동
안 내가 갖고 있었던 노인의 이미지가 바뀌었고, 상상 속 나의
미래 모습도 조금 밝아졌다.

　그리고 조사 작업을 끝낸 지금, 아우슈비츠에서 살아남은 정
신의학자 V. E. 프랭클의 말을 다시 한 번 실감한다.

인간이라면 절대로 '이것밖엔 안 된다'거나 '달리 방도가 없다'며 포
기해서는 안 된다. 인간은 언제든지 다른 방법을 찾을 수 있다. 누구
나 자신을 새롭게 하는 능력, 자신을 재창조하는 능력, 자신을 뛰어넘
어 성장하는 능력을 갖고 있음을 부정할 수 없다. 또한 그 능력을 침
해할 수도 없다.

　　　　　　　　　　　　― V. E. 프랭클, 『숙명을 넘어서 자기를 넘어서』

2장

나이
드는
것이란

100
years
old

'나이'라는 숫자의 의미

자기 나이를
늘려서 말하다

흔히들 90세가 넘으면 새로운 일에 도전하려는 의욕과 능력
이 줄어든다고 생각한다. 하지만 나는 건강한 장수 노인들의 이
야기를 들으며 그런 이미지가 실상과는 전혀 다르다는 것을 점
점 깨닫게 되었다.

이와 더불어 다른 한 가지 사실을 더 알게 되었다. 다른 사람이
느끼는 노인의 연령 이미지와 노인 본인이 느끼는 연령 이미지
에 큰 차이가 있다는 점이다. 특히 노인이 자기 나이를 이야기할
때 예상치 못했던 모습을 볼 수 있었다.

처음에 인터뷰를 시작할 때 먼저 이름을 묻고 그 다음에 나이
와 생년월일 순으로 질문을 했는데, 그때 실제보다 자신의 나이

를 늘려서 대답하는 사람이 꽤 많다는 것이 특이했다. 예를 들어 88세는 '이제 곧 90세', 93세는 '이제 곧 95세', 98세는 '이제 곧 100세'라고 대답하는 식이었다.

70대까지만 해도 특히 여성들은 자기 나이를 숨기려 하고 나이를 물어보면 불쾌해 하는 사람이 많다. 그런데 여든 살을 넘어서면 묻지 않아도 스스로 자기 나이를 밝히고, 또 조금 과장해서 대답하는 사람이 많아진다.

내가 자주 가는 단골 온천에서 만났던 건강한 장수 노인들과의 대화는 지금 생각해도 슬며시 웃음이 지어진다. 내가 탈의실에서 목욕 준비를 하고 있었는데, 나이가 지긋한 할머니 세 분이 수다를 떨면서 들어왔다. 한 명은 살짝 허리가 구부러지긴 했지만 세 사람 모두 귀도 잘 들리는 듯했고 말도 잘했다. 언뜻 보면 80대 초반처럼 보이는 분들이었다.

기회를 엿보다가 "어르신들 연세가 어떻게 되세요?" 하고 말을 걸었다. 그러자 가장 연장자로 보이는 여성이 "나는 백 살. 1918년생"이라고 대답했다. "와! 백 살요? 그렇게 안 보이세요! 모두 80대 초반인가 싶었습니다. 정말 건강하시네요!"

우리는 자연스레 온천탕에 함께 들어가서 이야기를 나누었다. 그분들과의 대화를 생동감 있게 전하기 위해 내용이 조금 길긴 하지만 그때 나눴던 이야기를 그대로 소개해보겠다.

필자 : 이 온천에 자주 오세요?

G : 응, 일주일에 두 번씩 주간보호센터에 다니고 한 달에 한 번은 셋이서 아들 차를 타고 여기에 와. 아흔일곱 살까지는 주간보호센터도 안 다녔는데 3년 전에 개호보험 등급을 받으면 어떻겠냐고 해서, 그래서 주간보호센터에도 다니게 되었지.

필자 : 정말 대단하시네요.

G : 나도 나이가 많지만, 이 사람도 나이가 많아, 아흔일곱 살. 아직 주간보호센터도 안 다니고, 정말 대단하지?

필자 : 어머, 진짜 대단하시네요! 그럼 주간보호센터도 안 가시고 하루를 어떻게 보내세요?

H : 밭에서 채소를 기르고 있어서 아침에 일어나면 밭에 나가 점심 무렵까지 일해요. 수확한 채소는 이웃들에게 나눠주고요. 다들 좋아하니까 그게 보람이죠.

필자 : 가족은요? 두 분 다 혼자 사세요?

G : 응, 혼자 살아. 내가 마흔여덟일 때 남편이 죽고 50년 이상 쭉 혼자야. H씨는 언제 혼자가 됐지?

H : 나는 남편이 70세 때 죽고 30년 가까이 혼자 살고 있어요.

필자 : 혼자 사시면 밤에 무섭지 않으세요?

G : 무서울 게 뭐 있어. 이 나이가 되면 가까이 오는 남자도 없는데.

H : 내가 부탁해도 가까이 안 와요. 다 도망가지(세 명이 함께 폭소).

필자 : 그럼 두 분은 뭐가 제일 무서우세요?

G : 갑자기 쓰러지는 일이지.

H : 맞아요, 맞아. 아무도 없는데 쓰러지는 게 제일 무섭죠.

이런 식으로 100세와 97세의 여성 그리고 나, 세 명의 잡담이
이어졌다.

그런데 이 두 사람이 목욕을 끝내고 나간 후에도 한가롭게 물
에 들어가 있던 내 곁으로, 조금 떨어져 있던 나머지 여성 한 명
이 미끄러지듯 다가와 말을 걸었다.

I : 나도 88세지만 건강해요. 그런데 아까 그 사람 자기 나이가 백
살이라고 했는데 아직 생일이 안 지났으니 사실은 99세예요. 아주
머니한테 거짓말을 하길래 알려주려고요.

어째서 이 사람은 나에게 이런 말을 하는 것일까. 앞서 나간
두 사람에게 내가 "대단하세요! 정말 건강하시네요"라고 잇달
아 칭찬을 늘어놨기 때문에 본인도 88세지만 건강하다고 나에
게 알리고 "건강하시네요"라는 소리를 듣고 싶었는지도 모른다.
그런 생각과 더불어, 100세라고 말한 G씨뿐 아니라 노인들이
거짓말쟁이라는 소리를 들어가면서도 실제 나이를 부풀려서 말
하는 현상은 도대체 몇 살부터 나타나고, 또 그런 행동에는 어떤
심리적 요인이 작용하는지가 궁금해졌다.

젊고 아름다운 것보다
젊고 건강한 것이 좋아지는 때

G씨가 나이를 속이는 이유는 백 살이 지방자치단체에서 장수를 축하하는 '경사스러운 나이'여서가 아니다. 왜냐하면 나이 많은 여성들이 나이를 부풀리기 시작하는 것은 그보다 훨씬 전부터이기 때문이다.

하지만 빠르다고 해도 60대는 아니다. 60대까지는 나이를 과장하기는커녕 실제 나이를 감추며, 남이 자기를 조금이라도 더 젊게 봐주기를 바라는 사람이 많다. TV에 나오는 미용 관련 광고만 하더라도 40대, 50대처럼 젊어 보이게 하는 미용법이 넘쳐난다.

그런 관점에서 보면 나이를 늘려 말하기 시작하는 분기점은 노화로 인해 심신이 허약하고 불안정할 것이라는 노인 이미지가 사회에서 일반적으로 통용되는 나이일 것이다. 적어도 80세 정도가 아닐까.

이 연령대가 되면 외적 평가 기준의 중요한 가치인 '젊음과 아름다움'보다 '젊음과 건강함'을 중시하는 방향으로 생각이 바뀌게 된다. '젊고 아름다워야 한다'에서 '젊고 건강해야 좋다'로 의식이 전환되는 것이다. 젊음은 그대로 소중한 가치를 유지하지만 나이가 들며 건강함이 아름다움을 대체한다. 사람들에게 나이에 비해 건강하다는 소리를 들으면 '나는 젊다'라는 자기 평가

로 이어지고, 그래서 노인이 되면 실제보다 나이를 늘려 말하려
는 심리가 발동하게 되는 것이다.

그래서 나이가 들수록 실제보다 나이를 부풀리는 사람이 점
점 더 많아진다. 만약 이러한 경향이 사실이라면 자기 나이를 과
장하기 시작하는 연령이 언제부터인지를 파악하는 일이 중요하
다. 왜냐하면 노인이라고 자타가 공인하는 나이는 몇 세부터인
지를 판단하는 기준으로 삼을 수 있을지도 모르기 때문이다.

내가 벌써 늙은이라고?

고령자가 동갑내기를
보고 떠올리는 생각

내가 '자타가 노인이라고 인정하는 나이는 몇 살부터일까?'라는 질문을 중시하는 이유가 있다. 그것은 건강한 장수 고령자의 나이를 물어보며 내가 품게 된 또 다른 의문과 맞닿아 있다.

2017년 일본 노년의학회에서는 '애초 고령자라는 정의에 의학적·생물학적 근거는 없다'고 밝혔다. 지금까지는 65세 이상을 고령자라고 부르며 그 중에서도 65세부터 74세까지는 '전기 고령자', 75세 이상을 '후기 고령자'라고 정의해왔다. 노년의학회에서는 이러한 개념을 재검토해 65~74세를 '준고령자', 75~89세를 '고령자', 90세 이상을 '초고령자'로 정의하는 것이 바람직하다고 제언했다.*

  그 이유로는 노화에 따른 고령자 심신의 기능 변화가 신체적으로 나타나는 현상이 10~20년 전과 비교해 5~10년 늦어진 점과 내각부에서 실시한 의식조사 결과에서도 70세 이상 또는 75세 이상을 노인으로 생각하는 사람이 많다는 점을 들었다.

  노인 개념의 정의에 대한 이러한 논의가 있다고 해도 90세 넘게 장수한 사람은 아무래도 '나는 나이가 많다'고 느낄 것이다. 조사를 시작하기 전에 나는 그렇게 확신했다.

  그런 내가 노인은 자기 나이를 어떻게 인식하는지 확인해봐야겠다고 결심하게 된 우연한 계기가 있다. 78세(신문 기사 중)의 만담가 야나기야 고산지(1939년생) 씨가 자신의 나이를 주제로 이야기한 신문 기사를 읽은 직후, 내가 인터뷰를 한 91세의 남성 L씨가 고산지 씨와 거의 비슷한 말을 했기 때문이다.

  신문에는 다음과 같은 고산지 씨의 이야기가 실렸다.

● 한국에서 노인으로 규정되는 기준 나이는 만 65세로 경제개발 5개년 계획을 통해 1964년에 도입되어 현재까지 유지되고 있다. 2016년 말 정부는 한국 노동시장의 실제 은퇴 연령은 2014년 기준으로 남자는 72.9세, 여성은 70.6세로 계속 높아지고 있다며, 노인 기준을 재정립하겠다고 발표했다. 대한노인회도 노인 기준 연령을 70세로 올리는 문제를 공론화해달라고 정부에 요청했다. 2018년 10월 정부가 노인 기준 연령을 기존의 '만 65세'로 당분간 유지하겠다고 발표했으나, 평균수명이 계속 높아지고 있음에 따라 노인 기준 연령을 재조정해야 한다는 공감대가 확산되고 있는 상태다. 2015년 보건사회연구원의 조사에 따르면 65세 이상을 대상으로 '적정한 노인 연령'을 질문한 결과 78.3퍼센트가 '70세 이상'이라고 답했다.─편집자

나이가 들어 늙는다는 건 갑자기 찾아오는 걸까요, 차츰차츰 찾아오는 걸까요. (중략) 이렇게 나이를 먹다니 생각지도 못했는데 말입니다. 동창 모임에 나가 친구들을 보면 모두 늙었구나, 나도 벌써 이런 나이가 되었나 하는 생각이 들 때가 있어요. 하지만 나는 소년 시절 만담가가 되었을 때와 똑같은 모습으로 계속 살고 있다고 생각하거든요.

— 「이야기 — 인생의 선물 — 만담가 야나기야 고산지 ①」,

《아사히신문》, 2017년 10월 30일자 조간

그리고 L씨도 이렇게 말했다. L씨는 귤 농사를 짓고 있어서 작은 화물차를 타고 귤밭과 작업장을 오가는 생활을 한다.

L : 나는 내가 나이가 들었다는 생각은 하지 못했어요. 그런데 얼마 전에 시내에 나갔다가 어릴 때 알고 지냈던 세 살 아래 동생하고 마주쳤습니다. '이 사람 나이 많이 들었네!' 싶더라고요. 그러고 나서 곰곰이 생각해보니 제가 세 살이나 많으니 '나도 나이가 들었겠구나' 하는 생각이 들더군요.

둘 다 평소에는 자기가 나이가 들었다고 생각하지 않았는데, 타인을 바라보는 눈을 매개체로 하여 자신을 돌아보는 순간 자기 나이를 인식하게 되었던 것이다. 나는 다시 한 번 '앗! 70대뿐 아니라 90세가 넘어서도 자신은 나이 들었다고 생각하지 않는 것일까. 그렇다면 몇 살쯤에, 어떤 일을 계기로 자기가 나이 들었다고 자각하게 되는 걸까'라는 의문이 생겼다.

그후에 건강한 장수 노인들의 이야기를 들을 때마다 "본인은 나이가 들었다고 생각하십니까?"라고 물어보았다. 그랬더니 아니나 다를까 여러 사람이 L씨와 비슷한 대답을 했다.

아흔한 살인 여성 K씨도 그랬다. K씨는 1926년에 태어났으므로 인터뷰 당시 91세였다. 젊었을 때 부기를 배운 경험을 살려 자영업을 하는 딸 대신 PC로 가게의 세금확정 신고를 하고 통신 수단으로 스마트폰을 사용한다. 지역 모임 전날에는 참가자 30명을 위해 과자를 굽고, 매년 연하장을 70장 정도씩 보낸다.

필자 : '내가 나이 들었구나'라고 느끼시거나 생각하실 때가 있나요?

K : 아뇨. 그런 생각은 안 듭니다. 다들 그렇지 않나요? 지금 사는 게 당연해 나이가 들었다는 생각은 하지 않아요. 글쎄요, 사람들이 "저 사람 나이도 많은데"라고 은근슬쩍 뒷말을 해도 별로 개의치 않아요. 사람들이 뭐라고 한다고 신경 쓰는 사람도 있는데 그런 건 한심하기도 하고 또 안타깝죠.

필자 : 귀도 잘 들리시고 치아도 건강하시네요.

K : 계속 나이가 들어도 나는 늙은이라고 생각하지 않아요. 그런 느낌도 안 들고요.

이 이야기로부터 알 수 있는 사실은 타인을 보고 '나이가 들었다'고 평가하는 기준은 그 사람의 외모 변화나 달력 나이지만, 노인 본인은 자기 나이를 판단하는 기준이 따로 있다는 점이다. 그것은 도대체 어떤 기준일까.

달력 나이와는
다른 시간 축

달력 나이와 노인 본인의 연령 기준이 다르다는 것은 다음의 대화를 듣고도 깨달을 수 있었다. 1장에서 소개한 B씨 부부(B씨 95세, B씨의 남편 98세)와 이야기를 나누었을 때다.

B씨가 83세에 재봉틀을 구입한 이유를 물었을 때 이런 이야기를 들을 수 있었다.

필자 : 83세의 고령인데도 재봉틀을 사셨다는 건 앞으로 더 오래오래 살고 싶으셔서인가요? 나이가 많다고 생각하진 않으셨어요?

B : 더 살고 싶다고 생각해서가 아니라니까요. 어쨌든 뭔가 하고 싶다는 생각이 먼저예요. 내 나이가 몇이고 앞으로 어떻게 될지는 전혀 염두에 두지 않아요. 오로지 그때그때 눈앞의 일에만 관심을 둡니다. 나는 지금까지 머릿속으로 앞일을 생각한 적이 없어요. 오늘 하루, 눈앞의 일만 보죠. 시야가 좁아요. 그 안에서 나 혼자 즐기고 있다고나 할까요.

필자 : 그럼 현재는 젊은 시절이 그대로 연장된 거네요. '나이가 들었구나'라는 생각은 안 드세요?

B : 그런 생각은 안 해요. 당신은요?

B씨의 남편 : 음, 누가 내 나이가 몇이냐고 물어보면, '응, 그러니까 지금 내가 몇 살이더라' 하고 생각하지. "어머! 아흔몇 살이요!" 하고 상대가 놀라면, '아 그렇구나, 내가 그런 나이구나' 하고 생각하는 정도랄까.

내가 B씨에게 "앞으로 더 오래오래 살고 싶으셔서인가요? 나이가 많다고 생각하진 않으셨어요?"라고 질문한 건 재봉틀을 샀을 때 B씨의 나이가 83세였고 여성의 평균수명은 87.14세(2016년 기준, 남자는 80.8세)라는 달력 나이를 고려한 것이었다.

하지만 B씨는 달력 나이를 부정하고 "앞으로 어떻게 될지는 전혀 염두에 두지 않아요. 그때그때 눈앞의 일에만 관심을 둡니다. 그 안에서 나 혼자 즐기고 있다"며 자신은 다른 시간 축에 살고 있다고 대답했다.

그리고 그 시간 축 안에서 그녀가 얼마나 생기발랄하게 생활하는지는 이미 1장에서 살펴본 그대로다. 이 사실은 달력 나이만을 기준으로 하여 노인이 사는 세계를 판단하는 것이 얼마나 편협한 시각인지를 보여준다.

철학자인 나카무라 유지로는 달력 나이에 의한 노년 이미지가 간과하기 쉬운 점을 다음과 같이 설명한다.

'노년'이나 '늙음'을 화제로 삼으면 인생의 생애 주기라는 주제로 이어지게 된다. '늙음'은 태어나서 죽을 때까지의 생애 주기에서 마지막, 즉 죽음에 가까워지는 단계다. 그래서 시계를 기준으로 하는 수평 시간에 따르면 인간의 일생은 젊었을 때는 기운이 넘치고 나이가 들면 기운이 없어진다는 사실만 남는다.

그러나 우리는 반드시 꼭 그렇게 정해진 대로만 사는 것이 아니라, 수평 시간을 가로지르는 수직 시간이라고 할까, 순간마다 어떤 충실감을 느끼며 다른 시간의 세계 속으로 뻗어나가기도 한다. 분명히 물리적인 시간과 공간 속에서 인간은 생물로서 살고 있지만, 실제로는 그것과 다른 공간이나 시간을 만들어내는 능력이 있고 또 그러한 즐거움을 느끼며 산다.

— 나카무라 유지로 감수, 『노년 발견』, NTT 출판, 1993년, 48쪽

그렇다. 내게 이야기를 들려준 건강한 장수 노인들은 90세가 넘어 고령이라는 물리적 제약이 생기긴 했지만 각자 생활하는 삶의 터전에서 시공간을 개척하고, 나이가 많다고 자신을 속박하지 않으며 '지금, 여기' 이 순간의 즐거움을 느끼며 살아가는 사람들이었다.

나이 든 사람이 '노인'이 되는 순간

노후는 언제부터
시작되는가

장수 노인들이 시간적·물리적 한계를 뛰어넘어 생활한다는 것을 알게 되었음에도 처음에 내가 품었던 의문은 그대로 남아 있었다. 왜냐하면 노인 자신이 '나는 몇 살이다'라고 자각하든 아니든 그들이 죽음에 가장 가까운 인생의 단계에 서 있다는 사실은 틀림없기 때문이다.

그렇다면 그들은 언제, 어떤 장면에서 나이의 한계에 부딪혀 자신은 나이가 들어 '늙었다'고 말하기 시작할까? 이러한 의문이 사라지지 않았다.

인터뷰에 응해준 사람들 가운데 이 의문을 속 시원하게 풀어준 사람이 없었는데, 인터뷰 후 우연히 1년 뒤에 다시 만나 두

번째로 이야기를 들려준 M씨(96세 여성)와 N씨(93세 여성)가 의
문을 푸는 실마리를 던져주었다.

그녀들과의 대화를 소개하기 전에, 자신이 나이 들었다고 생
각한 시점과 그 이유를 명확하게 밝힌 고령 작가들의 체험을 먼
저 들어보자.

작가인 세토우치 자쿠초 씨는 88세에 압박골절로 입원해서
반 년 동안 누워 지내며 처음으로 자신의 나이를 실감했다고 말
한다.

「진정한 노후는 88세에 찾아온다─95세가 되어 생각한다.
88세부터가 진짜 노후」라는 제목의 글에서 그는 이렇게 썼다.

> 저도 압박골절로 누워서 지내게 된 88세까지는 '장수 비결'을 자랑스
> 레 말할 수 있었던 것 같습니다. 다만 당시에는 내가 고령의 노인이라
> 는 자각조차 거의 없는 상태였기 때문에 장수했다는 소리를 듣는 것
> 자체가 실감이 나지 않았습니다.
>
> ─세토우치 자쿠초·이케가미 아키라, 『95세까지 사는 것은 행복합니까?』,
>
> PHP 신쇼, 2017년, 18쪽

또한 이 책의 「노인처럼 살 필요는 없다─나답게 살자. 88세
가 되어 처음으로 반 년 동안 와상 환자 경험을 하다」라는 제목
의 글에는 다음과 같은 내용이 담겨 있다.

반 년이나 누워 지내야 한다는 선고 결과도 충격이었지만 무엇보다
놀란 것은 의사 선생님께 "이제 나이도 있으시니까요"라는 말을 들은
일입니다. 백내장 치료를 받을 때도 분명 나이가 들었다고 느끼긴 했
지만, 이때 확실히 '벌써 여든여덟 살이구나' 하고 내 나이를 인식했
습니다. 늙었다고 마음속 깊이 실감한 건 이때가 처음이었다고 할 수
있죠.

— 앞의 책, 43~4쪽

여기서 무척 흥미로운 것은 "무엇보다 놀란 것은 의사 선생님
께 '이제 나이도 있으시니까요'라는 말을 들은 일입니다"라는 부
분이다. 다른 사람이 달력 나이로 장수 노인을 바라보는 시선과
본인이 느끼는 자기 나이에 대한 감각에 커다란 차이가 있음이
이 말을 통해 명확하게 드러난다.

이와 함께 고령자가 느끼는 연령 감각을 제대로 표현한 부분
은 노화 현상의 하나인 백내장 수술을 경험했음에도 그것이 '나
이가 들었다'는 실감으로 이어지지 않았다는 점이다.

88세가 될 때까지 노인이라는 자각이 거의 없었던 세토우치
씨는 반 년이나 누워 지내는 형태로 일상생활이 중단된 것과 누
군가에게 돌봄을 받게 된 것, 그 두 가지 변화로 인해 비로소 자
신이 '늙었다'고 마음속 깊이 실감하게 된 것이다.

나이를 실감하게 하는
두 가지 요인

각본가인 하시다 스가코 씨도 「나의 노후는 88세부터 시작되었다」라는 제목의 글에서 그와 유사한 이야기를 한 적이 있다.

92세가 된 지금, 내 생각이 틀렸다는 걸 알게 되었습니다. 나는 인생에 노후라든가 여생이라든가 하는 것은 없다고 생각했어요.

예전에 낸 책에도 다음과 같은 내용을 쓴 적이 있습니다.

"언제부터 노후라는 범주에 들어갈까요. 정년 후라든가 육아가 끝난 후 등의 구분이라면 이해하겠지만 '늙은 후'란 도대체 무엇을 가리키는 걸까요."

(중략)

그런데 저는 지금 완전한 노후 상태입니다. 정말이지 지금은 여생으로 살고 있다고 생각해요. 계기는 체력 저하입니다. 88세의 미수 축하를 받은 시점부터 몸이 몹시 힘들어지기 시작했습니다. 갑자기 다리가 아프거나 등이 아프거나 했죠. 외출할 때도 다른 사람에게 의지하지 않으면 아무 곳에도 갈 수 없습니다. 그래서 이제는 '아, 이것이 노후구나' 하고 생각하게 됐죠.

— 하시다 스가코, 「나의 노후는 88세부터 시작되었다」,

《문예춘추》, 2017년 10월호, 318쪽

하시다 씨가 자신이 늙었다고 자각한 나이는 우연히도 세토우치 씨와 같은 88세였다. 하지만 그 자각에는 88세라는 숫자보다 체력 저하나 일상생활에서 다른 사람의 도움을 필요로 하게 된 것이 더 크게 작용했던 듯하다.

하시다 씨는 또 다른 책에서 이렇게 말한다.

바쁘게 일하는 동안에는 죽음을 생각해본 적이 없어요. '건강해야 모두가 좋아하는 글을 쓸 수 있다'라는 생각이 강해 건강에도 무척 신경을 썼습니다. 그런데 지금은 원고 청탁을 하는 곳도 없고, 이미 쓸모가 없는 끝난 사람이 되었습니다. '슬슬 죽을 날을 생각해야지'라는 참담한 심경이 드는 건 당연한 일이지요.

　　　　　　　　　　—하시다 스가코, 『나답게 살다 나답게 죽고 싶다』,

　　　　　　　　　　　　　　　　　　　분슌신쇼, 2017년, 67~8쪽

나이가 아흔 살 가까이 되었어도 사회의 요청을 받아 집필 활동을 하는 일이 그의 일상 습관이자 생활이었던 것이다. 그런데 집필 요청이 사라지면서 일상 습관을 잃게 되었고, 설상가상으로 체력까지 저하되어 다른 사람의 도움이 필요해지자 하시다 씨는 '죽음'을 생각하고 '노후'를 자각하게 되었다.

세토우치 씨나 하시다 씨뿐만이 아니라 노인들이 자신이 나이 들었다고 자각하게 되는 계기에는 이제까지 일상적으로 수행하던 일을 하지 못하게 되고, 체력 저하로 다른 사람의 돌봄이나 도움이 필요해지는 일, 이 두 가지가 크게 연관되어 있을 것이다.

여기서 소개한 고령 작가 두 사람이 나이 들었음을 실감한 연령은 88세로 우연히 같았지만, 그렇게 생각하게 되는 나이가 몇 살인지는 사람마다 다를 것이다. 아흔 살이 넘어서도 아주 건강해서 '나이가 들었다고는 생각하지 않는다'는 B씨 부부와 같은 경우가 있는가 하면, 나이는 그보다 더 젊어도 질병이나 신체 손상으로 돌봄을 받아야 하는 상태가 되거나 살아갈 기력을 잃고 늙었다는 생각을 하며 사는 사람도 있을 것이다.

일상 습관을
상실한다는 것의 의미

노화를 부르는 두 가지 요인(일상 습관의 상실과 체력 저하)은 대부분 동시에 발생하는 경우가 많아, 그 동안 이 두 가지가 어떻게 연관되어 있는지는 별로 다루어지지 않았다. 그러나 이 두 가지 요인의 관계는 굉장히 중요하다. 일상 습관을 되찾으며 체력 저하를 극복하는 사람이 있는 반면, 체력이 있어도 일상 습관을 상실하면서 체력 저하가 급격하게 나타나는 경우가 있기 때문이다.

고령자가 자신이 늙었다고 생각하게 되는 계기에 이 두 가지 요인은 어떻게 관련되어 있을까.

그 의문을 풀 단서를 제공해준 사례가 두 명의 여성 M씨(96세), N씨(93세)와의 대화였다. 앞에서 이야기했던 대로 나는 그분들을 인터뷰 한 후 정확히 1년 뒤에 우연히 만나, 두 번째로 이야기를 듣게 되었다.

M씨는 혼자 살고, N씨는 아들 부부, 손자 둘과 함께 생활한다.

60년이 넘은 친구인 두 사람은 현재 다른 현에 살고 있지만 1년에 몇 차례씩 현과 현의 경계에 위치한 온천 료칸에서 만나 4~5일 정도 숙박하며 정을 나누는 돈독한 사이다. 나에게 이 두 사람을 소개해준 것도 온천 료칸의 여사장이었다. 그런데 처음 봤을 때는 두 사람 모두 건강했는데, 두 번째 만났을 때는 1년 사이 N씨가 부쩍 늙어 보였다. 그래서 자연스레 그에 관한 주제로 대화를 나누게 되었다.

두 사람과 처음 만났을 때의 대화는 온천에서 만나는 일 외에 일상적으로 어떻게 교류하는지에 대한 나의 질문으로 시작되었다.

필자 : 60년이 넘게 우정을 이어간다는 건 정말 쉽지 않은 일인데 여기 오실 때 말고 평소에는 어떻게 교류하세요?

M : N씨가 아주 바지런한 사람이라 일주일에 한 번은 나한테 전화를 해. 주로 그걸로 연락을 하지.

필자 : 와! 굉장하시네요. 일주일에 한 번씩 꼬박꼬박 통화를 하시
다니. 그럼 전화로는 무슨 얘기를 나누세요?

N : 시시한 얘기들이지, 뭐. "건강해? 어떻게 지내?", "오늘은 꽃을
사 와서 현관에 심었어. 예뻐!" 같은 이야기. "토마토가 잘 익었다
고 좋아했는데 죄다 원숭이한테 도둑맞았어. 그래서 아들이 그물망
을 쳐줬지" 이런 이야기도 하고. 뭐, 그런 시시콜콜한 일들이지.

이렇게 건강했던 N씨가 두 번째 만났을 때는 완전히 늙어 보이
고 기운도 없었다. 그 사정을 N씨보다 더 연장자인 M씨가 이
렇게 설명했다.

필자 : N씨는 작년보다 기운이 없어 보이시네요.

M : 그러니까 말야. 전에는 안 그랬는데 "나이 들어서 아들한테 폐
만 끼치고 빨리 죽는 게 나을지도……"라는 말을 하기 시작했어.
작년까지는 밭에다 꽃이랑 채소를 키웠는데 올해부터는 손이 아파
서 그것도 못 하게 됐고.

(아들이) 아주 효자라 (N씨더러) 아무 일도 하지 말라고 한대. 집안
일을 하다 불이라도 내면 위험하고 청소도 넘어지면 큰일이니 하
지 말라고. 그래서 N씨는 아무것도 하지 않아. 거기다 귀가 잘 안
들려 텔레비전 소리를 크게 높이지 않으면 안 되는데 가족들 눈치
보느라 화면만 본대. 그렇게 아무 일도 하지 않고 하루하루를 보내

자니 고역이지.

작년에 비하면 부쩍 기운이 떨어져서 왠지 넋이 나간 느낌이 들어.
나는 혼자 사니까 내가 뭐든 해야 밥이라도 먹을 수 있잖아. 치우지
않으면 쓰레기더미 속에서 살게 되고. 그래서 할 일이 많아 제법 바
쁜데.

인용이 조금 길어졌는데 지난 1년 사이에 오랜 기간 일상 습
관으로 해왔던 집안일이나 채소 키우기, TV 보기와 같은 생활
의 즐거움을 잃어버린 일이 N씨의 체력과 기력 양쪽의 '노화'로
이어졌다고 M씨는 생각했다.

이것은 노인의 건강과 관련한 요인을 찾는 데 있어 매우 중요
한 실마리를 제공한다. 그룹홈에는 시간이 걸려도 이용자와 직
원이 함께 집안일을 하는 시설이 있다. 오랜 세월 계속 해온 일
상적인 활동을 지속하는 것이 이용자의 건강 유지에 굉장히 중
요하기 때문이다.

1장에서 보았던 건강한 장수 노인들은 자기만의 방식대로 하
루, 일주일, 한 달 그리고 계절 단위로 자신이 할 일을 계획하고,
그것을 달성하며 자부심을 느끼고 있었다.

그날그날 해야 할 일을 수행하는 것은 다른 사람과 했던 약속,
자기 자신과 정한 약속을 지키는 행위다. 그 약속을 지킨다는 목

적(일과)이 기력을 북돋우고 계속 몸을 움직이게 함으로써, 체력 저하를 늦추고 건강을 유지시켜준다. 일상화된 습관이 그런 기능을 한다.

N씨는 지난 1년 사이에 이 습관을 모두 잃어버리면서 기력도 함께 잃었다. 큰 병에 걸린 게 아닌데도 아무 일도 하지 않으며 몸이 급격히 쇠약해 "나이가 들었다", "죽는 게 나을지도"라고 말하게 된 것이다.

살아갈 기운과 기력을 잃으며 갑자기 노화가 진행되었다고 할 수 있다.

습관 나이는 달력 나이의 지배를 받지 않는다

고양이의 세계를 세심하게 관찰한 시인 오사다 히로시는 습관의 힘을 다음과 같이 표현했다.

인간처럼 말로 소통하지 못하는 고양이의 언어는 바로 하루하루의 습관입니다. 고양이의 일상을 채우는 것이 바로 고양이의 일상적인 습관이기 때문입니다. 식사 시간, 산책 시간, 자는 시간. 고양이와 함께 있으면 고양이의 하루하루를 채우는 습관이 하루하루의 생활을 활용하고 유지하는 방법임을 아주 당연하게 받아들이게 됩니다.

고양이의 습관이 고양이의 개성입니다. 고양이와 함께 살다 보면 저도 모르게 습관의 힘을 강하게 의식하게 됩니다. 각각의 삶의 방식을 만드는 것은 각각의 몸에 배인 습관이고, 습관이라고 불리는 각각의 하루하루를 보내는 모습이며, 각각의 인생을 이루는 시간 활용 방법 이라는 것을.

— 오사다 히로시, 『그리운 시간』, 이와나미신쇼, 2013년, 197~8쪽

고양이와 마찬가지로 인간도 생물로서 "하루하루를 채우는 습관이 하루하루의 생활을 활용하고 유지하는 방법"이다. 1장 에서 소개한 장수 노인들은 자기만의 방법으로 계획한 일상 습 관을 일과의 형태로 수행했다. 달력 나이가 지배하는 시간과는 완전히 다른 형태의 시간과 공간을 만들어 생활하는 일이 그들 의 삶이라고 말할 수 있지 않을까.

TV 앞에서 꾸벅꾸벅 졸며 아무런 목적도 없이 하루하루를 보 낼 것인가. 하루, 한 달, 계절마다 해야 할 일들을 설정하고 의욕 적으로 살아갈 것인가. 일과란 '지금, 여기'에 해당하는 하루의 유지 방법일 뿐만 아니라 한 달 후 또는 사계절마다 해야 할 일 을 미래 희망으로 삼아 삶의 의욕을 채우는 일이기도 하다. 1장 에서 소개한 A씨는 초여름이 오면 랏쿄 절임, 마른 치어가 나는 계절에는 선물 보내기를 했는데, 그 일들이 바로 그런 기능을 갖 고 있었다.

달력 나이로 결정되는 직업이나 육아에서 이미 오래전에 은

퇴한 노인들은 일상 습관으로 결정되는 시간과 공간이 어떤 성격인지에 따라 자기를 젊게 느낄 수도 있고, 늙었다고 느낄 수도 있다.

건강 유지나 사회적 교류, 삶에 위안이 되는 즐거운 활동. 삶의 기력을 북돋워주는 이런 활동들을 일과에 포함시켜 '습관 나이'로 사는 사람은, 달력 나이를 뛰어넘어 습관 나이로 살게 된다. 그리고 '나는 오늘 이 일과를 달성했으니 아직 늙지 않았다'라는 형태로 자신의 나이를 느낀다.

마침내 '늙었다'고 실감하는 시기는 질병이나 사고로 인해 그동안 일상적으로 하던 일들을 하지 못하게 되었을 때다. 그 시점을 최대한 늦추고 싶은 것이 나이 든 사람 모두의 마음일 것이다.

'평생 현역'이라는 개념이나 노인의 자립을 강조하면 할수록 그런 생각은 더욱 강해진다.

서장에서 인생 100세 시대는 어느 날 갑자기 쓰러져 죽는 것이 아니라, 건강하다가 비실비실해지고 결국은 요양 생활을 하다가 저세상으로 갈 수밖에 없는 시대라고 말했다.

이것을 연령 감각이라는 관점에서 보면 다음과 같이 정리할 수 있다.

달력 나이로 노인이라고 분류되는 연령에 이르러 체력이 떨어지고 여러 질병이 생긴다. 다리도 약해지고 전체적으로 몸이 허약해지지만 나름대로 일상 습관이 유지되는 동안에는 늙었다는 사실을 마음속 깊이 실감하는 일 없이 80대, 90대가 된다. 그러다 질병이나 사고로 갑자기 쓰러져 회복이 어려운 상태가 되고 나서야 처음으로 늙었다고 자각한다. 이런 노인들이 늘어나는 시대. 지금은 그런 시대라고 할 수밖에 없다.

장수는 경사스러운 일이기도 하지만, 심각한 어려움에 처하게 될 수도 있는 삶의 단계다.

3장

가족이
노후를
책임져주던
시대는
끝났다

◇◇◇◇◇◇◇◇◇◇◇◇◇◇◇◇◇◇◇◇◇◇◇◇◇◇◇◇◇

1 0 0

y e a r s

o l d

인생의 마지막은 스스로 준비해야 한다

왜 요양돌봄을 받아야만 하는
때를 고려하지 않는가

사회복지 종사자 A : 문제는 가족 형태가 완전히 변했는데 여전히 '딸이 날 돌봐주겠지, 며느리가 보살펴주겠지'라고 은근히 기대하고 있는 거예요. 어떻게든 자기 스스로 준비해야 한다고 생각하는 사람이 없는 게 문제죠. 요즘엔 같이 살면서도 자식이 노쇠한 부모 일에 관여하지 않는 집들이 늘어나고 있어요. 아들 가족은 본채, 할머니는 별채에서 지내는데, 아들이 자기 어머니에게 전혀 신경을 쓰지 않는 경우도 있더군요. 그래서 시집간 딸이 드나들며 어머니를 돌보는데, 그 딸이 "우린 의절하고 지내요. 남동생 부부가 있긴 하지만 없다고 생각하고 대해주세요"라고 하더라니까요.

사회복지 종사자 B : 일반적으로 말하는 종활은 말기 간호나 죽고

난 후의 일을 준비하는 거죠. 그 전에 필요한 생활 지원이나 요양 돌봄 시기의 준비가 빠져 있는데 어르신들은 거기에 대해서는 구체적으로 생각하지 않아요. 얼마 전에도 혼자 사시는 아흔 살 할아버지에게 전화를 받았어요. "상태가 안 좋아. 어떻게든 해줘"라고 하셔서 방문해보니, 밥을 제대로 챙겨 드시지 못해 몸이 많이 허약해지셨더라고요. 전부터 신경이 쓰이던 분이었는데, "내가 죽으면 뼈를 바다에나 뿌려주면 돼"란 말씀만 반복하세요. 여러 가지 대처법을 알려드려도 도무지 귀담아 듣질 않아요.

사회복지 종사자 C : 나이 드신 분들은 가족에게 자신의 미래를 통째로 맡겨놓고 있어요. 혼자 사는 분도 "앞일은 어떻게 준비하고 계세요?"라고 물어보면 "움직이지 못하면 시설이나 병원에 가야지"라고만 할 뿐 구체적으로 생각하지 않는 분이 많아요.

최근에도 91세의 혼자 사는 할머니 때문에 무척 당황했어요. 남편은 먼저 돌아가시고 자녀도 없어 보호자가 없는 분인데요. 예전에 아직 건강하실 때, "앞으로 어떻게 하실 생각이세요?"라고 물었다가 "당신은 내가 아무 생각도 없이 멍청하게 살고 있다고 생각하는 거야?"라며 서슬이 퍼렇게 화를 내셔서 혼이 난 적이 있어요. 그런데 올해 들어 몇 차례 압박골절상을 입으시더니 "아무래도 혼자 사는 게 불안해. 시설에 들어가고 싶어"라는 말을 꺼내시더군요. 하지만 아무런 준비도 되어 있지 않은 상태여서, 급하게 비영리단체에 부탁해 단기보호시설을 알아보느라 한바탕 소동이 벌어졌었죠.

각각 집에서 생활하는 노인들에게 서비스를 해주는 방문간호사, 지역포괄지원센터(일본의 모든 기초단체에 설치된 노인 상담 및 복지 지원 조직— 옮긴이) 직원, 케어매니저(개호보험법에 따라 복지 서비스 지원을 위한 상담과 서비스 계획을 작성하고 각종 복지 사업자와의 연락 및 조정 역할을 하는 전문가— 옮긴이)의 말이다. 역할은 조금씩 다르지만 이들은 공통적으로 '아직 건강할 때 누군가의 돌봄을 받아야 하는 시기를 준비하거나 고민하지 않으면, 쓰러진 후 큰 어려움을 겪게 된다'고 주장한다.

나 역시 노인복지 관련 현장에서 이런 이야기를 수없이 들어왔다. 내가 집에서 생활하는 건강한 장수자들을 대상으로 조사 작업을 해야겠다고 마음먹은 이유 중 하나가, 그럼에도 불구하고 80대 후반, 90세 이상이 되면 갑자기 쓰러졌을 때 어떻게 대처할지 준비해둔 사람이 많을 거라고 생각했기 때문이다.

하지만 여러 명의 장수 노인들을 만나며, 사회복지 종사자들의 걱정이 기우가 아니었음을 확인했다. 자신이 쓰러지게 되면 어쩌나 하고 불안감을 느끼는 사람이든 아니든, 그에 대해 구체적인 준비를 하는 사람은 극히 드물었다. 그것은 돌봄 지원 대상이 된 노인들뿐 아니라 모든 고령자들에게 폭넓게 나타나는 공통된 현상이었다.

무엇을 준비해야 할지
모르는 것이 가장 큰 문제

"못자리는 벌써 준비해뒀지." "상조회에 가입했어." "상속 문제는 다 해결했어." 내가 인터뷰를 한 노인들 가운데에는 이른바 종활이라고 불리는 죽음 준비를 해놓은 사람들이 많았다.

하지만 가까운 미래에 움직일 수 없게 되면 '어디서, 누구에게 내 몸을 맡길 것인가' 하는 문제를 가족과 구체적으로 상의해본 적이 없는 사람이 압도적으로 많았다.

앞서 소개한, 1년 사이에 몸이 많이 허약해진 N씨에게 "앞으로 걷지 못하게 되면 어떻게 하실 거예요?"라고 물어보니 그녀는 "아들만 믿고 있지"라고 대답했다. 그녀뿐 아니라 대부분의 노인들이, 자식을 둔 사람이라면 자녀와 함께 사느냐 아니냐와 상관 없이 "딸이 있어요", "아들이 있습니다", "며느리가 있으니까요"라고 대답하고, 자녀가 없거나 자녀에게는 기댈 생각이 없는 사람은 "어떻게든 되겠죠", "고민해도 별 수 없는 문제는 생각해봐도 소용없죠", "돈이 있으면 괜찮겠지", "이 나이에 그런 생각은 하지 않아요"라고 말한다.

아흔 살이 넘어서도 그토록 생기 넘치게 자신의 세계를 개척해나가던 장수 노인들이, 쓰러지면 당장 내일이라도 급하게 돌봄이 필요한 자신의 몸을 자녀에게 통째로 맡기거나 속수무책으로 방관한다. 자신이 무엇을 원하는지 그리고 어떻게 할 것인지를 구체적으로 대답하지 못하고 꼭 필요한 준비도 전혀 하지 않는다.

참으로 이상한 일이다. 그들은 사회활동에 의욕적으로 참여하고, 규칙적으로 몸을 움직이며, 건강에 좋은 식사를 하려고 주의를 기울이는 사람들이다. 단순히 무지해서 생긴 일이라고 보기는 어려웠다.

하지만 그 가운데 몇 명은 "뭔가 준비해야 한다는 생각은 들지만, 구체적인 방법을 모르겠어요", "뭘 준비해야 합니까? 그걸 모르겠어요"라고 말했다.

그 말을 듣고 '아 그렇구나, 준비할 필요성을 느끼지만 무엇을 해야 좋을지 모르는구나. 이게 현실이구나' 싶었다.

죽음이 아니라 '노쇠했을 때'를 준비해야 하는 이유

'죽음 준비(종활)'와 언젠가 다른 사람의 도움이 필요해질 때를 미리 대비하는 '쇠약 준비'는 어떻게 다를까.

종활에는 장례, 상속, 묘지, 연명 치료 여부, 유품 정리와 관련된 일들이 포함되며, 그것은 자기가 죽고 나서 남은 가족이나 다른 사람에게 폐가 되지 않도록 미리 사후 처리를 하는 죽음 준비의 성격이 강하다.

그런데 나이가 많이 든 후까지 사는 사람에겐 허약해져 비실비실한 상태로 살아야 하는 인생의 마지막 단계가 기다리고 있다. 쇠약 준비란 이 단계에서 발생하는 다양한 위험 요인을 최소화하기 위한 것이다. 아직 판단력이나 자기결정력이 남아 있는 건강한 시기에, 그때 필요하게 될 복지나 의료, 간호에 대한 제도적 지식과 정보를 수집하고, 대처법을 배우고, 삶의 기본 방향과 인간관계를 재편성하여 자신의 미래를 스스로 준비하는 활동이다.

이런 관점에서 보면 죽음 준비와 쇠약 준비의 성격은 크게 다르다.

내가 노인 지원 현장에 참여하기 시작했던 1990년대 초만 해도 A, B, C가 하는 주장과 유사한 이야기를 들어본 적이 없다. 그런데 왜 지금은 노인 스스로 쇠약에 대비한 준비를 해야 한다고 말하는 것일까.

그것은 노인의 의식과, 도움이 필요한 노인을 지원하는 가족이 서로 다른 방향으로 움직이는 최근의 사회 변화와 깊이 연관되어 있다.

다시 말해 사회에서는 평생 현역, 자립을 강조하며 노인의 이미지를 바꿔나가고 있다. 그에 따라 노인들도 자신이 늙었다고 생각하기보다, 젊게 살려 애쓰며 건강 증진에 힘써야 한다는 의식을 갖게 되었다. 하지만 현실적으로 나타난 문제는 고령화가 더욱 급속하게 진행되는 한편, 가족 형태가 크게 변하여 곁에서 지켜주고 보호해줄 자녀나 친족이 없는 노인들이 늘어나고 있다는 사실이다. 만일의 일이 생겨도 의지할 사람이 없고 어떻게 대처하면 좋을지 도무지 갈피를 잡지 못하는 사람이 점점 늘어나고 있다.

돌봄이 필요한 노인의 절반은 곁에 자녀가 없는 시대

2015년 「국세 조사 결과」를 살펴보자.

85세 이상의 고령자 가족 중에서 결혼한 자녀나 손자 등과 함께 사는 전통적인 가족 세대, 즉 '핵가족 외의 세대'는 남성 24.1퍼센트, 여성 30.3퍼센트에 불과하다.

남성은 '부부 세대' 32.9퍼센트, '단독 세대' 13.5퍼센트, '미혼 자녀와 사는 세대' 15.9퍼센트, '시설 거주' 13.3퍼센트다.

여성은 '부부 세대' 5.9퍼센트, '단독 세대' 22.1퍼센트, '미혼 자녀와 사는 세대' 15.0퍼센트, '시설 거주' 26.3퍼센트로 나타났다.

예전 같으면 자녀에게 보호받는 것이 당연했던 85세 이상의 고령자도 어디서, 누구와 사는지가 다양해졌고, 특히 남성보다 장수하는 여성의 다양성이 더욱 두드러진다.

게다가 오래 살면 오래 살수록 자녀가 부모보다 먼저 사망하는 '역연逆緣'의 위험성이 높아진다.

「현대 일본의 세대 변동—제7회 세대 동태 조사」(국립사회보장·인구문제연구소, 2014년)를 보면, 돌봄이 필요해 개호보험 등급을 받은 노인과 자녀 세대의 관계가 어떤 형태인지 살펴볼 수 있다.

단독 세대는 '자녀 없음'이 14.0퍼센트, '자녀가 다른 광역자치단체에 거주'가 8.5퍼센트, '자녀가 같은 광역자치단체에 거주'가 17.1퍼센트였다.

부부 세대는 '자녀 없음'이 8.3퍼센트, '자녀가 다른 광역자치단체에 거주'가 22.3퍼센트, '자녀가 같은 광역자치단체에 거주'가 21.4퍼센트였다.

'자녀가 같은 시구정촌(市区町村, 일본의 기초자치단체— 옮긴이)에 거주'하는 경우가 아니어서 갑자기 쓰러져도 어떻게든 자신의 힘으로 헤쳐나가야 하는 노인의 비율이 단독 세대에서도, 부부 세대에서도 놀랄 만큼 높은 비율을 차지하고 있다(그림 3 참조).

그리고 방문간호사인 A가 말했던 것처럼 자녀 세대 가족과 함께 살아도 자녀가 부모의 일에 전혀 관여하지 않는 경우도 증가하고 있다. 예전처럼 동거와 부모 부양이 일치했던 시대와 비교하면, 개호보험 제도가 정착하며 동거와 부모 부양이 분리되는 현상이 더욱 강해졌다.

이러한 가족 형태의 변화와 함께 사회복지 종사자들 사이에서 아직 건강하고 힘이 있는 노인은 자기가 할 수 있는 준비를 미리 해두면 좋겠다는 소리가 흘러나오기 시작했다.

하지만 노인들은 무엇을 준비해야 좋을지 모르겠다거나, 준비가 필요하다고 느껴도 지금 맞부딪힌 초고령화는 지금까지 누구도 겪어보지 못했기 때문에 본보기가 없어 어찌해야 좋을지 모르겠다고 말한다. 누군가가 도와줄 거라고 막연하게 생각하거나, '어떻게든 되겠지'라며 속수무책으로 손을 놓고 있다 결국 마지막 골목에 다다르는 사람이 계속 늘어나고 있다.

그렇다면 노인들이 건강하고 힘이 남아 있는 동안 미리 해두면 좋은 준비란 도대체 무엇일까. 그에 대한 장수 노인들의 이야기를 들어보자. 80대 초반까지는 활기 넘치게 살다가 80대 후반

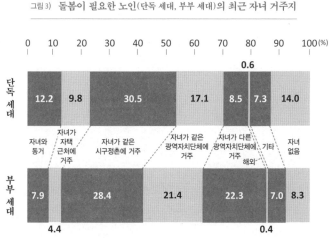

그림 3)　**돌봄이 필요한 노인(단독 세대, 부부 세대)의 최근 자녀 거주지**

주 기타는 최근 자녀의 거주지나 별거하는 자녀 여부가 불명확한 사례의 합계
출처 「현대 일본의 세대 변동－제7회 세대 동태 조사」(국립사회보장·인구문제연구소, 2014년)

이후의 초고령기에 접어들며 생활이 급변한 사람, 요양이 필요
한 노인의 곁에 있었던 가족이나 친족들의 이야기도 도움이 될
것이다.

지금까지는 노인이 쓰러져 돌봄 문제가 발생하면 오로지 지
원 방법이나 요양돌봄과 같은 의료, 간호, 복지 측면에서만 해결
방법을 찾아왔다.

하지만 노인의 삶과 현실적인 생활 문제로 눈을 돌려, 아직 힘
이 남아 있는 동안에 배우고 준비하려면 무엇이 필요한지 밝혀
내는 작업이 중요하다.

'자식들이 날 돌봐주겠지'라는 어긋난 기대

가족관의
변화

70대까지의 고령기와 80대 후반 이후의 초고령기는 하늘과 땅만큼 다르다. 초고령기가 되면, 노화로 인해 눈에 띌 정도로 심신이 허약해진다. 늙었다는 자각 없이 건강하다고 여기는 노인 자신의 생각과 허약해진 신체의 괴리감은 굉장히 크다. 사소해 보이는 병이나 가벼운 골절도 중증 질환으로 발전할 가능성이 커진다.

"웃지 못할 얘깁니다만 우리 지역에 '100세 체조' 교실에 다녀오다가 현관 앞에서 쓰러져 골절상을 입고 영영 누워 지내게 된 할머니가 계세요. 혼자 사시는 아흔한 살 어르신이었는데, 지금은 치매까지 왔습니다"라고 이야기하는 민생위원(생활에 어려움을 겪는 지역 주민을 돕기 위해 지방자치단체가 민간인에게 위촉한 직위—옮긴이)을 만난 적이 있다.

이런 상황이 되면 그 전에 준비를 얼마나 잘 해두었냐에 따라 노인의 운명이 좌우된다. 의지할 자녀가 있는지 없는지에 따라, 각자의 상황에 따라 준비해야 할 내용도 제각각 다르다.

그럼 우선, 자녀만 믿고 초고령기에 대한 준비를 아무것도 하지 않은 사람들이 부딪히게 되는 문제부터 살펴보자.

흔히 자녀가 없는 사람보다 자녀를 둔 사람들의 준비 의식이 더 부족한 이유는 '애들이 어떻게든 해주겠지'라고 생각하며 자녀(특히 장남이나 장녀)에게 의지하는 전통적 가족관 때문이다.

하지만 부모의 이러한 기대를 저버리는 두 가지 변화가 일어나고 있다.

첫째, 부모는 아들딸이 자신을 돌봐줄 거라고 내심 기대하지만 자녀들(특히 아들 가족)은 그것을 당연하다고 생각하지 않는다.

둘째, 오래 살면 오래 살수록 자녀가 부모보다 먼저 죽는 역연의 위험이 커지는데 고령화로 역연의 괴로움을 겪는 사람들이 계속 늘어나고 있다.

부모와 자녀의 가족관 차이로 발생하는 문제를 살펴보기 위해, 앞서 등장했던 방문간호사가 이야기했던 사례를 들어보겠다. 아들 가족은 본채에서 지내고 어머니인 노인은 별채에 사는데, 아들 가족이 어머니에게 전혀 신경을 쓰지 않아 따로 사는 딸이 오가며 어머니를 보살핀다는 O씨 가족의 이야기다.

[O씨 프로필]
1923년에 태어났으니 O씨는 95세다. 남편은 1년 전에 사망했다. O씨는 별채에 살고 본채에는 아들(65세) 부부가 산다. 그녀는 80대 후반까지 다양한 사회활동에 참여했으며, 92세까지만 해도 자녀들의 힘을 빌리지 않고 집안일을 도맡아 했다. 자기 소유의 임대주택을 직접 관리하기도 했던 건강한 노인이었다. 그러다 아흔세 살에 병에 걸려 쓰러졌는데, 이제 아들이 자신을 돌봐줄 거라고 믿고 자기 명의의 예금통장, 토지와 가옥의 권리대장, 인감 등을 모두 아들에게 넘겨주었다. 그러나 O씨가 병원에서 퇴원해 집으로 돌아오자, 아들 부부는 자신들은 그녀를 돌볼 수 없다고 선언했다. 그래서 어쩔 수 없이 같은 시에 거주하는 큰딸(70세)이 드나들며 그녀를 보살피고 있다. 개호보험의 재가(방문요양) 서비스를 받고, 모자란 부분은 요양보호사 급여를 자기 돈으로 지불하며 자택 생활을 하고 있다.

O씨가 처음 쓰러진 것은 아흔세 살 되던 해 여름이었다. 열이 계속 나는 것을 빨리 알아차리지 못하고 참기만 하다, 위독한 상태가 되어서야 입원했다.

O : 처음에는 더위 때문에 입맛이 없나 보다 했어. 아무 일도 못 하고 기운 없이 지내다, 결국 움직이지 못하게 됐지 뭐야. 그러다 쓰러져서 100일 정도는 글자도 못 읽고 남이 하는 소리도 알아듣지 못했어. 나중에는 눈도 잘 안 보이고 귀까지 안 들리는 완전 바보가 돼버리더군.

다행히 병세가 조금 좋아져 퇴원할 무렵이 되자, 큰딸이 "요즘
에는 요양시설에 들어가지 않고 집에서 사는 사람도 많대. 엄마
는 어느 쪽이 좋아?"라고 물었다. O씨는 자택 생활을 선택했다.
그러나 그 결정으로 인해 아들 가족과의 불화가 싹트고 말았다.

경제적으로 여유가 있는 O씨는 개호보험 서비스 이용료의 초
과분을 자비로 부담하더라도 집에서 살고 싶다고 했으나, 아들
부부는 반대했던 것이다.

그간의 사정을 큰딸은 이렇게 말했다.

**큰딸 : 엄마가 집에서 살고 싶어하시니까 그렇게 하자고 동생한테
말했더니 "집으로 돌아오다니 말도 안 돼. 돈도 있는데 왜 시설에
안 가?"라고 하더군요. 쇠약해진 어머니를 보살피는 게 성가시니
아주 대놓고 발뺌이라도 하고 싶은지 "시설에 들어가면 되잖아"라
고 하는 거예요.**

결국 아들이 관리하는 O씨의 통장에서 요양보호사 비용 등 개
호보험 서비스의 추가분 이용료를 인출해서 쓰기로 하고, 딸이 일
주일에 두 번씩 찾아오는 방식으로 자택 생활을 시작했다.

하지만 O씨는 자기가 돈을 자유롭게 쓸 수 없다는 사실을 비
롯해 매일같이 아들 내외(특히 며느리)에 대한 불평을 늘어놓게
되었다.

큰딸 : 요양보호사 비용은 엄마 돈을 관리하는 동생이 내는데, 엄마 하고 잘 맞지 않는 요양보호사가 그만두기라도 하면 동생은 엄마가 잘못했다며 질책하는 거예요. 그렇게 혼이 날 때마다 엄마는 말 한마디 못 하는데, 그러고 나면 좀처럼 충격에서 벗어나질 못해요. 또 엄마는 엄마를 돌보는 제가 안쓰러운지 용돈을 주고 싶어하시는데, 그러시질 못하니 "내 돈인데 내 돈이 아니니 한심하다, 한심해"라며 한탄하시곤 하죠.

O : 별채 애들은 둘 다 코빼기도 안 보여. 돈은 사실 우리 부부가 열심히 일해서 모은 거고 아들한테는 부족하지 않을 만큼 주었으니, 내가 불편하지 않게 돈을 좀 내줘도 되잖아. 아들은 내가 죽지 않고 살아있어서 쓸데없이 돈을 토해내고 있다고 생각하는 모양이야. 옛날에는 참 착한 아이였는데 왜 저렇게 됐는지…….

자녀가 부모보다
먼저 죽을 확률의 증가

전쟁 전에 태어나 자라고, 결혼 후에는 큰며느리로 살아온 O 씨는 나이가 들어 쇠약해지면 당연히 아들이 돌봐줄 것이라는 가족관을 갖고 있었다. 그래서 자신이 건강을 잃게 되면 어떻게 할지에 대해 자녀들과 이야기해본 적도 없었고, 의료에 관한 정보, 의료 제도나 복지, 개호보험 제도에는 관심도 두지 않았다. 아들이 누구보다 적절하게 대응해줄 것이라고 아무런 근거도 없이 믿었기 때문이다.

하지만 아들 입장에서는 부모가 시설에 들어가는 것이 최선의 해결책이라고 생각하고 있다. 그렇게 하면 아내를 번거롭게 하지 않고도 돈을 내는 것으로 아들의 의무를 다할 수 있기 때문이다.

어머니를 집에서 모시려면 익숙하지 않은 개호보험 서비스를 이용하기 위해 상담 등의 여러 절차를 거쳐야 하고, 요양보호사와 협상도 해야 하며, 날마다 어머니 수발 드는 일을 아내에게 부탁해야 한다. 그러나 아내가 그 일을 주저한다면 억지로 강요할 수는 없다. 왜냐하면 배우자는 아들에게 '아내'이지 '며느리'가 아니기 때문이다.

이처럼 전통적인 가족관을 지닌 장수 노인들은 멀쩡히 자녀들이 있어도 어려움에 부딪힐 수 있고, 또 한편으로는 초고령기를 살다 보니 자녀를 먼저 저세상으로 떠나 보내는 역연의 괴로움을 당하기도 한다.

장수 노인들의 이야기를 듣는 작업을 시작하기 전에는, 나 역시 초고령기가 부모보다 자녀가 먼저 죽을 위험이 높은 인생의 단계라는 사실을 생각조차 하지 못했다. 그러나 고령자들의 이야기를 듣다 보니 역연의 슬픔을 경험한 사람은 한두 명이 아니었다.

1장에 등장했던 A씨도 그런 경우다. 그녀는 86세에 50세의 딸을 병으로 잃고 사위와 둘이서 살고 있는데, 그건 그녀가 결코 예상치 못했던 삶이다.

또한 셋째 며느리와 사는 100세의 여성은 세 명의 아들 중 셋째는 94세에, 둘째는 97세에 잃었으며, 아직 살아있는 장남(79세)은 중증 질환을 앓고 있어 만나기도 쉽지 않다고 한다.

이런 이야기를 들으며, 자녀에게 인생의 마지막 단계를 맡길 생각이었던 사람이 역연을 당하게 되면 얼마나 심각한 상황이 벌어지는지를 새삼 깨닫게 되었다.

이와 관련하여, 88세까지는 건강한 장수 노인으로 지냈지만 아들의 죽음으로 인해 예상 외의 인생을 맞이하게 된 P씨의 사례를 살펴보자.

[P씨 프로필]

P씨는 98세다. 남편은 P씨가 68세일 때 세상을 떠났고 그후에는 혼자 살았다. 88세까지는 세심하게 일처리를 잘해서 친구도 많았고, 두 딸의 육아(P씨에겐 손자 육아)도 도와주었다. 지역사회의 다양한 활동에도 참여하며 활발하게 생활했다. 큰딸은 이웃 도시, 작은딸(61세)은 같은 시에 거주했다. 그녀는 큰아들이 정년퇴직하고 돌아오면 같이 살 계획이었는데, 그녀가 88세일 때 큰아들이 갑자기 사망했다. 그 일로 비탄에 잠겨 지내던 중에 치매가 발병하여 작은딸과 같이 살게 되었다.

P씨와 같이 살며 그녀를 돌본 작은딸은 어머니가 88세부터 지난 10년간 겪은 어려움을 다음과 같이 설명했다.

작은딸 : 엄마는 오빠가 은퇴하면 새언니와 함께 고향으로 돌아와 엄마랑 같이 살 거라고 생각했어요. 집안 묘지 관리부터 엄마가 늙었을 때의 간병과 죽고 나서의 일까지 모두 오빠한테 맡기고 싶어 했죠. 그런데 엄마가 88세 때 오빠가 병에 걸려 죽자 그 충격으로 치매가 시작되어 단숨에 악화됐습니다.

그래서 제가 저희 집으로 모셨는데, 엄마는 시집간 딸의 도움은 받는 게 아니라며 항상 제 남편의 눈치를 봤어요. 거의 10년간 저희 집에서 모셨는데 올해 초 독감에 걸렸다가 폐렴으로 입원하게 됐죠. 그런데 설상가상으로 녹내장이 생겨서 시력을 거의 잃고 더는 집에서 생활하기 어려워졌어요. 한 달 반 입원했다 퇴원한 후에는 개호노인보건시설(개호보험법의 적용을 받는, 의료와 요양 서비스를 제공하는 시설 — 옮긴이)에서 3개월을 보냈어요. 그곳에서 나온 후에는 겨우 찾은 요양서비스 제공 유료노인시설(개호보험법에 의해 지정을 받은 곳으로, 시설 내에서 근무하는 직원이 요양서비스를 제공하는 시설 — 옮긴이)에서 지내고 있습니다.

병원에 입원했을 때부터 계속 잠도 못 주무시고 이상하리만치 빈뇨 증상이 심했는데, 눈까지 안 보이니 밤에 큰 소리로 사람을 불러대서 시설에서 난리가 났었죠. 정신건강의학과에서 약을 처방받았는데 부작용으로 엄마의 인격이 점점 무너져가는 모습을 지켜보며 아주 괴로운 날들을 보냈습니다. 병원에 있을 땐 병원비도 병원비지만 개인 병실료와 낮에 돌봐주는 간병인 비용이 몇십만 엔씩 들어서 부담스러웠고, 시설도 한 달에 20만 엔 정도씩을 내야 합니다. 엄마의 연금만으로는 도저히 감당할 수가 없어서 엄마가 저축해놨던 돈을 조금씩 헐어서 쓰고 있어요.

아들을 잃은 슬픔, 마지못해 신세를 지게 된 사위에 대한 부담감, 차례차례로 덮쳐오는 병마……. 아들이 죽은 후 겹겹이 찾아온 고통이 P씨의 삶이 되었다.

P씨는 아들이 죽었다는 소식을 듣기 전까지만 해도 자신이 이렇게 되리라고는 꿈에도 생각하지 못했을 것이다. 그것은 P씨의 작은딸도 마찬가지다. 그녀는 오빠가 죽고 어머니가 병에 걸리기 전까지는 자기가 부모의 뒷바라지를 하며 살게 될 거라고는 꿈에도 생각지 않았다고 한다.

노인과 가족이
미리 준비해야 하는 것들

지금까지 아무런 준비 없이 쇠약 상태가 된 두 사람, O씨와 P씨의 심각한 상황을 살펴보았다. 물론 노인에게 경제력이 없고 개호보험 제도도 없던 과거 시대에는, 이런 어려움이 노인의 운명이라고 여겨졌었다.

하지만 이 두 사람은 경제적으로 풍족하며, 지금은 개호보험도 있지 않은가. 쓰러지기 전까지만 해도 이들은 남들이 부러워

할 만한 사람들이었는데, 어쩌다 인생의 마지막 단계에서 궁지에 몰리고 말았을까. 이렇게 되지 않기 위해서는 어떤 준비가 필요했을까.

무엇보다 두 사람은 아직 건강할 때 나중에 쓰러지면 어디서 누구의 돌봄을 받으며 살고 싶은지를 미리 생각해서, 자신의 의사를 확고하게 결정해두었어야 했다. 자녀에게 인생의 마지막 단계를 통째로 맡기려다가 예상이 빗나가면 쇠약해진 몸과 마음이 받는 상처가 너무나 크고 그로 인한 심리적 타격은 더욱더 깊어진다.

다음으로 자녀가 있어도 부모의 마음을 헤아려줄 것이라는 어림짐작과 기대를 하지 말아야 한다. 부모와 자녀는 사는 세계가 다르고 가치관도 다르다. 새로운 가족관을 지닌 자녀 세대는 부모-자녀 관계, 부부관 모두가 크게 다르다. 따라서 자녀가 여러 명 있다면 77세의 희수喜壽나 80세 산수傘壽 잔치와 같은 인생의 특별한 순간이나 가족들이 모두 모이는 명절에 자신의 의견을 미리 전해두는 것이 좋다. 부모가 원하는 소망을 가족 모두가 함께 듣게 된다면, O씨의 사례에서처럼 형제나 남매가 다투게 되는 것을 방지할 수 있을지도 모른다.

어머니의 초고령기 10년을 돌봐온 P씨의 작은딸은 어머니가 쓰러지기 전에 미리 준비했더라면 좋았겠다 싶은 일들을 이렇게 말한다.

작은딸 : 물어보기 좀 힘들더라도 엄마의 치매가 심해지기 전에, 집에서 생활할 수 없게 되면 어떻게 하고 싶은지, 어떤 시설에서 지내고 싶은지를 엄마와 제가 같이 고민해야 했어요. 그래서 시설 등을 견학도 해보고 비용도 미리 알아두었어야 했어요. 나중에 보니 그런 준비를 하지 않은 게 후회스럽더라고요.

저희는 병원에 입원하면 의료비 외에 1인실 비용이나 간병인 비용이 얼마나 들어가는지도 전혀 몰랐어요.

종합병원에서 퇴원해 바로 집으로 돌아올 수 없을 때 어떤 병원이나 시설을 이용할 수 있는지, 비용은 얼마나 드는지, 어떤 서비스를 받을 수 있는지, 언제까지 지낼 수 있는지 등의 내용을 하나도 몰랐죠.

병원이나 시설에서 근무하는 상담원도 엄마에게 가장 적합한 시설을 구체적으로 소개해주거나 자리가 있는 곳을 찾아주지 않는다는 사실도 몰랐습니다. 나이 든 부모가 있는 집이라면 반드시 가족 전체가 이런 일에 대비해 미리 준비를 해줘야 해요.

그녀는 치매에 따른 여러 가지 증상들로 인해 어머니에게 1인실과 간병인이 필요하며 그래서 비용이 많이 들어간다는 점, 시설에서 생활하게 된 어머니가 처한 가혹한 현실을 몸소 겪고 나서야, 병원이나 요양시설 현황과 제도에 대한 정보를 미리 수집하지 않았던 것을 후회했다고 한다.

독거노인들이 부딪힐 수 있는 위험과 대비책

건강할 때
지원자나 후견인을 정해두라

O씨와 P씨는 의지할 생각이었던 자녀에게 기댈 수 없는 상황
이 되자, 대신 다른 자녀가 그들을 돌봐주었다.

하지만 최근에는 자녀가 없거나 자녀가 있어도 의지하기 어
려운 사람이 점점 더 늘어나고 있다. 평생 독신으로 살았거나 결
혼은 했어도 자녀를 낳지 않은 사람, 자녀가 죽은 사람, 자녀가
외국이나 먼 도시에 사는 사람, 오랜 세월 자녀와 소원한 관계로
지낸 사람 등.

이들은 자녀에게 의지할 수 있는 사람과는 다른 차원의 준비
가 필요하다.

이 장의 앞부분에서 케어매니저인 C씨가 말했던 91세 독거 여성이 바로 남편은 먼저 죽고 자녀는 두지 않아서 보호자가 없는 경우였다. 그녀의 신원을 보증해줄 사람이 필요했기 때문에 급하게 비영리조직에 부탁을 해야 했다.

혼자 사는 사람, 곁에 자신의 생활 실태를 잘 아는 사람이 없는 사람은 만약의 경우에 자신을 도와줄 사람을 어떤 형태로든 확보해둬야 한다. 유사시에 문제를 발견하고, 사회복지 종사자를 부르거나, 의료기관 또는 요양기관에 연결해주고, 그후에도 여러 도움을 줄 사람이 필요한 것이다. 노인들 본인은 흔히 '나는 아직 건강하다, 아무 문제도 없다'고 생각하지만, 치매 같은 질병은 아무도 모르게 조용히 발병하고 진행된다. 최악의 경우가 발생했을 때 그에 따른 위험을 최소화하기 위한 준비가 반드시 필요하다.

치매 유병률은 80~84세에서는 남성 16.8퍼센트, 여성 24.2퍼센트였다. 80대 후반이 되면 남성 35.0퍼센트, 여성 43.9퍼센트로 두 배 가까이 늘어나며, 90대 전반에서는 남성 49퍼센트, 여성 65.1퍼센트, 95세 이상에서는 남성 50.6퍼센트, 여성 83.7퍼센트로 나이가 많아질수록 급상승한다.

특히 남성보다는 여성의 치매 유병률이 높다. 하지만 고령화가 계속 진행되고 있는 지금은 누구나 치매에 대한 준비를 해야 하는 시대가 되었다(그림 4 참조).

　노인 지원 현장의 공부 모임에서 어느 보건사(지역 간호 전문가― 옮긴이)가 다음과 같이 말했다.

보건사 : 제가 2006년부터 돌보고 있는 혼자 사는 할머니가 있습니다. 처음 만났을 때는 70대 초반이셨고 지금은 84세인데, 몇 년 전부터 치매 증상이 나타났어요. 시설에 입소하기 위한 절차가 필요해서 최근에 시장 명의로 성년후견을 신청했습니다. 70대 초반의 할머니를 뵀을 때는 건강하셨고, 가죽을 세공하는 일을 하시며 경

그림4) 연령별 치매 유병률 추정

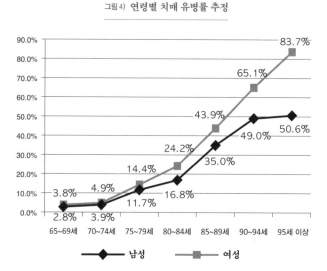

출처 아사다 다카시 외, 「도시 지역의 치매 유병률과 치매로 인한 생활 기능 장애 대응」, 2011년~2012년 종합 연구보고서(후생노동성 과학연구비 보조금 치매 대책 종합 연구 사업)

제력도 탄탄했기 때문에, '아, 결혼하지 않고 저런 방식의 삶을 사는 것도 좋구나' 하고 생각했을 정도예요.

그 무렵 할머니가 "나는 결혼도 하지 않았고 아이도 없어서 천애에 고독한 사람이야. 의지할 곳은 사촌의 자녀들뿐이지"라는 말씀을 하시긴 했지만, 설마 자신이 치매에 걸릴 거라고는 생각도 하지 않았겠죠. "그렇게 활동적인 사람이었으니 건강할 때 임의후견인이라도 지정해놓았으면 좋았을 텐데"라고 우리 사회복지 담당자들끼리 얘기한 적이 있어요. "이제 그런 시대가 되었네" 하면서요.

이 보건사의 말처럼 의지할 친족이 없는 노인의 권리 옹호를 위해 지역자치단체장이 성년후견을 신청하는 건수가 점점 늘어나고 있다. 총 신청 건수에서 차지하는 비율은 제도가 시행된 무렵인 2006년의 3.1퍼센트에서 2017년에는 19.8퍼센트로 6배 이상 증가했다. 본인이나 친족이 후견 심판을 신청하기 어려운 사람이 계속 늘어나고 있다는 사실을 보여준다(「성년후견 관련 사건의 개요」, 대법원 사무총국 가정국, 2018년).

내가 조사한 사례들 가운데에도 그런 경우가 있었다. 99세인 어머니를 모시고 사는 여성 Q씨와 이야기를 나누던 중, 우연히 Q씨에게 '지난 10년간 의지할 곳이 전혀 없는 작은어머니를 돌봐왔다'는 이야기를 듣게 된 것이다. 그래서 약속을 새로 잡아 다시 한 번 Q씨의 이야기를 들으러 갔다. 올해 95세의 나이로 사망한 Q씨의 작은어머니 R씨의 인생을 들여다보자.

독신으로 살다 치매에 걸린
R씨의 이야기

[R씨 프로필]

1923년에 태어났다. 정년퇴직할 때까지 공무원으로 일했다. 70대 중반에 외동딸과 남편을 잇달아 잃고 혼자 살게 되었다. 치매 진단을 받기까지 10년간은 취미생활과 지역활동, 해외여행 등을 즐기며 건강하게 살았다. 그러나 85세 때 치매를 의심한 이웃의 도움으로 입원했고, 죽은 남편의 형의 딸(시조카) Q씨에게 연락이 닿아 Q씨가 후견인이 되었다. 그후 95세인 올해 사망하기까지 10년간 요양서비스 제공 유료노인시설에서 지냈다.

R씨는 형제자매도 없고 먼저 죽은 딸도 독신이었기 때문에, 곁에서 그녀를 돌봐줄 사람이 아무도 없었다. R씨는 건강할 때 치매에 대한 준비를 전혀 하지 않은 탓에 심각한 위기에 맞닥뜨렸다.

치매 진단을 받게 된 것도 치매를 의심한 이웃들이 다른 병명을 구실 삼아 입원하라고 권유하고 도와주지 않았다면 불가능했을 것이다.

게다가 그녀는 치매 진단을 받기 몇 년 전부터 생활 관리를 제대로 하지 못해 건강식품, 리모델링 공사, 침구, 보석 등을 미끼로 한 악덕업자에게 사기를 당했다. 이어 그녀의 인생에 연루되어 그녀의 마지막 10년 동안 후견인 노릇을 해준 Q씨로 하여금

'내가 후견인이 된 게 과연 옳은 일이었을까. 사실 작은어머니는 다른 사람을 원했던 게 아닐까' 하는 후회 섞인 의문을 품도록 만들었다.

가까이에 의지할 사람이 없는 노인에게 치매를 염두에 둔 준비가 얼마나 절실한지를 뼈저리게 느낄 수 있다.

R씨에게 닥쳤던 위기를 지켜본 조카 Q씨의 말을 들어보자.

치매에 걸리기 전 R씨는 전형적인 건강한 장수 노인이었다.

Q : 작은어머니는 은퇴하신 후 오랫동안 지역사회활동과 봉사활동을 하셨어요. 원체 사교적인 분이셔서 엄청나게 많은 활동을 하셨던 것 같아요. 꾸준히 나가는 수예 교실 외에 친구가 많아서 외출하실 때도 많았고, 순례지 88곳을 도는 등 여행도 많이 다니시고 해외도 여기저기 돌아다니셨대요.

그러나 이런 생활을 하는 와중에도 조금씩 치매로 인한 다양한 문제들이 발생하기 시작했다. 표면적으로 문제가 불거지고 생활이 크게 바뀐 것은 치매로 입원하게 된 85세부터다. 입원도 R씨 자신의 의사가 아니라 이웃 주민의 배려에 의해 이루어졌다. Q씨는 이렇게 말한다.

Q : 어느 날 저한테 갑자기 "입원시킬까요?"도 아니고 "입원시켰습니다"라는 연락이 왔어요. 이웃 주민, 미용실에서 일하는 분과 스님이 당뇨병을 핑계 삼아 작은어머니를 병원에 데리고 갔다고 하더군요. 치매가 심한 게 아닌가 하는 걱정으로 이웃들이 긴급하게 대응했던 거죠. 아마 이웃들은 불이라도 나면 큰일이라고 생각했을 거예요.

이리하여 Q씨가 보호자로 연락을 받고 병원에 달려가게 되었다. 그날 "돌아갈 때 집 문단속하고 냉장고에 있는 상하기 쉬운 음식들 정리 좀 해줘"라는 부탁을 받은 Q씨가 작은어머니의 집에 가서 본 것은 그저 '심각하다!'고 할 수밖에 없는 R씨의 생활상이었다.

Q : 집에 가서 보니 오래된 재료, 새로운 재료가 마구 뒤섞여 냉장고가 음식들로 꽉 차 있었어요. 음식을 산 걸 잊어버리고 계속 사들인 거예요. 냉동고는 아예 안에서 얼어붙어서 잡아당겨도 열리질 않더라고요. 어쩔 수 없이 전원을 끄고 녹여서 음식들을 모조리 쓰레기봉투에 넣었어요.
게다가 봉지 과자, 사탕이나 스낵 과자 같은 것들이 큰 방석이 들어갈 만한 골판지 상자에 가득 차 있었어요. 유통기한이 훌쩍 지난 것들이요. 정말 말도 못 해요. 쓰레기가 어마어마하게 많아서 처리업자를 불렀을 정도라니까요.

하지만 이런 상황에서도 R씨는 자신의 병을 자각하지 못했
다. 처음 입원했을 때도 "이제 괜찮아"라며 혼자서 서둘러 퇴원
하고 예전 생활로 돌아갔다. 퇴원해서 제대로 밥을 못 챙겨 먹고
처방된 약도 제때 먹지 못하다가 다시 쓰러지고 나서야, 더는 혼
자 사는 게 무리임을 인정하게 되었다.

Q : 퇴원해서 혼자 밥도 제대로 못 챙겨 드실 것 같아 제가 찾아갔
던 날이었어요. 저랑 같이 저녁식사를 하시고 약을 드셨는데, 제가
돌아간 후 몽롱해 하시다가 의식을 잃어버리셨어요. 나중에 의사가
제대로 먹지 않은 상태에서 강한 약을 먹어 저혈당이 일어난 거라
고 하더군요. 저도 없이 혼자 계시는 상태에서 쓰러지신 거죠. 그게
퇴원하고 열흘 정도 지나서예요. 그 전까지는 아직 괜찮다고 생각
하셨던 것 같아요.
본인이 결국 더는 어렵겠다고 판단한 것은 아마도 쓰러졌다가 겨우
정신을 차리고 "입원시켜줘"라고 말씀하셨을 때인 듯해요. 퇴원 후
제대로 먹지 못해 배고픔에 시달리고 체력도 더 떨어지며 그렇게
생각하시게 된 것 같아요.
주위에서 이제 더는 혼자 둘 수 없다고 보는 시점과 본인이 그렇게
생각하기까지는 큰 차이가 있어요. 자기는 혼자 생활할 수 있다고 판

단하고, 남들이 보는 만큼 나이가 들었다고 생각하지도 않으니까요.

종교단체나 악덕업자에게
사기를 당할 위험

R씨를 공격한 또 한 가지는 '나 혼자서 살 수 있다', '다른 사람이 보는 만큼 나이 들지 않았다'는 R씨의 마음을 이용해 입원하게 되기 수년 전부터 종교단체와 악덕업자들이 계속 금전을 갈취한 일이다.

병원에서 퇴원한 후 요양시설에 입소하기 위해 후견인 신청에 필요한 재산 목록을 작성하려고 Q씨가 R씨의 집에서 연금증서 등을 찾다 보니, 줄줄이 고액의 영수증들이 나왔다고 한다.

Q : 서랍을 열어보고 드시지도 않은 약들이 엄청 쌓여 있는 걸 보고 깜짝 놀랐어요. 건강식품 따위였는데, 종교단체에게 강매를 당하신 거였어요. 돈도 꽤 많이 쓰신 것 같아요. 교주 이름이 찍힌 상장이 같이 들어 있었거든요. 큰돈을 낸 게 아니라면 상장까지 주겠어요? 인감도장도 엄청 비싸 보여서 나중에 확인해보니, 30만 엔이나 내고 파신 거더라고요.

작은아버지가 돌아가셨을 때 상속세 기초 공제액이 5천만 엔이었던 것 같은데 그보다 더 많았던 돈이 거의 다 사라지고, 남은 건 연금통장뿐이었어요. 종교단체뿐 아니라 건축업자한테도 바가지

를 쓰셨더군요. 이불과 보석, 기모노나 가방을 구입하는 돈으로 8
개월 동안 200만 엔이나 쓰셨고요.

　Q씨가 보여준 영수증 매수가 많은데다 거기 적힌 액수들이
모두 상당한 고액이라는 점에 나 역시 매우 놀랐다. 더구나 놀라
움을 금치 못한 것은 그 악덕업자들이 R씨의 거주지와 같은 시
(인구 10만 명 규모) 또는 이웃 도시의 사업자들이었다는 점이다.
　보석, 기모노와 같은 여러 종류가 있지만 자택의 리모델링 공
사와 가구 관련 사업자의 내용만 소개해보겠다.

[자택 리모델링 사업자]
비용 총액 : 227만 2천 엔
(1) 같은 시의 건축업자
2006년 10월, 흙마루 공사비 : 7만 2천 엔
(2) 이웃 도시 건축 관련 사업자(동일 사업자)
① 2007년 1월 창틀 도장 비용 : 18만 엔
② 같은 해 4월 판금 도장 비용 : 20만 엔
③ 같은 해 4월 증축 공사 세트 비용 : 68만 엔
④ 같은 해 5월 기와 교체 : 114만 엔

[가구, 침구 수선 사업자(같은 시의 같은 사업자)]

지급 총액 : 163만 340엔

① 2006년 7월 : 60만 엔

② 같은 해 7월 : 32만 3,180엔

③ 같은 해 9월 : 5만 5,200엔

④ 같은 해 12월 : 35만 엔

⑤ 2007년 1월 : 1만 2천 엔

⑥ 같은 해 5월 : 1만 엔

⑦ 같은 해 5월 : 9만 3,800엔

⑧ 같은 해 8월 : 15만 엔

⑨ 같은 해 12월 : 2만 6천 엔

⑩ 2008년 1월 : 1만 160엔

영수증 날짜를 보면 2006년과 2007년 사이에 집중적으로 사업자가 드나들었다. R씨가 입원한 시기가 2008년 5월이니까 이미 2년 전부터 R씨는 치매로 인해 금전 관리가 제대로 안 되는 상태였음을 짐작할 수 있다.

소개한 영수증 금액만 해도 단기간에 총 400만 엔 가까운 액수다. 더구나 이웃 도시의 건축 관련 사업자는 영수증에 제공한 상품명이 기재되어 있지만 가구와 침구 수선 사업자는 영수증에 아무런 내용도 없어 어떤 상품을 받았는지, 받은 게 확실한지 조차도 불명확하다.

　인구 규모가 10만 명 정도의 도시라면 서로가 아는 사이라 악질적인 상거래는 없으리라 생각하기 쉽지만 이미 우리가 사는 세상은 그런 사회가 아닌 듯하다.

독거노인이 가족처럼 여기는
사람이 존재할 가능성

　R씨가 맞닥뜨린 이런 상황도 딱하지만, 10여 년간 R씨를 계속 뒷바라지하며 고생했을 Q씨의 노고와 그에 대한 보답이 전혀 없다는 사실도 무척 안타깝다.

　Q씨와 R씨의 관계를 지금까지 조카와 작은어머니라고 불렀지만 사실 두 사람은 피 한 방울 섞이지 않은 사이다. 죽은 Q씨의 아버지와 R씨의 남편이 형제일 뿐이며, Q씨에게는 R씨의 재산을 상속받을 권리도 없다. 하지만 Q씨는 R씨가 병원에 입원했다는 연락을 받자마자 '내가 가지 않으면 큰일'이라는 마음으로 달려갔고, R씨에게는 딱히 부탁할 사람이 없을 것이라 판단해 기꺼이 후견인이 되었다.

　그런데 R씨가 시설에 입소하고 얼마 지나지 않아, 호적상으로 관계는 없지만 R씨가 심적으로 친밀하게 지냈던 사람이 있다는 사실을 알게 되었다. '어쩌면 작은어머니는 이 사람에게 모든 일을 맡기려고 했을지도 모른다'는 생각이 든 Q씨는 자신이 성급히 취한 행동을 후회했다.

Q : 자식들도 자기 부모가 어떤 친척과 친하게 지내는지는 같이 살면 알겠지만 따로 살면 보통 잘 모르잖아요. 그러니 작은어머니가 어떤 친척들과 친하게 지내는지 제가 관심조차 갖지 않았던 게 당연하죠. 제가 작은어머니를 돌봐야 한다는 생각은 꿈에도 한 적이 없으니까요. 정말 아무것도 몰랐다니까요.

더구나 이모나 고모였다면 우리 부모님한테라도 그쪽 사정을 조금 더 자세하게 들었을지도 모르죠. 하지만 아버지는 동생의 아내가 어떤 친척과 친하게 지내는지 굳이 화제로 삼지 않았어요. 보통 남자들이 그렇잖아요. 남자 형제의 가족에 대해서는 특히 더요. 게다가 저희 아버지는 일찍 돌아가셨어요. 그래서 작은어머니에게 혈연관계는 아니지만 친분이 두터운 사람이 있다는 걸 나중에 알고 아차 싶었어요.

친족과의 유대가 약화된 현대 시대에 젊어서 돌아가신 작은아버지의 배우자가 평소 어떤 사람과 사귀었는지 아는 사람은 드물 것이다. 특히 노인이 친밀하게 지내는 사람은 형제자매가 아니라 조카일 수도 있어 직접 교류하지 않으면 모르는 것이 당연하다.

R씨가 친하게 지냈던 사람은 한 다리 건너의 친척 사이였다고 한다.

Q씨는 자신이 맛본 씁쓸한 경험을 바탕으로 R씨가 몸이 쇠약

해져 쓰러지기 전에 미리 준비해뒀다면 좋았겠다 싶은 것을 다음과 같이 말했다.

Q : 무엇보다 치매가 심해지기 전에 자신의 의사를 정확히 알려주었다면 좋았겠죠. 친하게 지내는 사람이 있었다면 어떤 기회라도 만들어 그 사람과 제가 같이 있는 자리에서 '나는 가족이 없으니 내가 혹시 혼자 생활하지 못하게 되면 ○○이 나를 돌봐주었으면 한다. 그 대신 재산은 ○○이 상속받도록 하겠다'고 미리 말해두었다면 좋았을 거예요. 대충이라도 좋으니 그 내용을 문서로 확실하게 남겨두는 게 가장 바람직하죠. 셋이 합의해서 미리 결정해뒀다면 편했을 거예요. 그랬다면 나중에 대처하기가 훨씬 수월했으리라 생각해요. 그런 결정을 할 때 이웃들이 참석해도 좋았을 거고요. 그리고 이웃들에게는 긴급하게 연락할 때 돌봐주기로 미리 정해진 사람에게 제일 먼저 연락해달라고 부탁해두었다면 금상첨화겠죠.

이런 준비는 부모와 자식 관계가 아닌 사람에게 의탁해야 하는 모든 사람에게 필요한 준비라 할 수 있다.

만약의 사태에 대한
대비

경제적으로 여유가 있고 건강할 때는 활동적으로 인간관계를

형성할 힘도 있었던 R씨는 인생의 마지막을 위해 무엇을 준비
했던 것일까.

　　필자 : 작은어머니는 자기가 쓰러지게 되면 어떻게 하시고 싶다는
　　의사 표시를 하신 적이 있나요?
　　Q : 전혀요. 아마도 당장 죽는다는 생각을 하시지 않았을 거예요.
　　건강하게 움직이시다가 치매에 걸리고 점점 몸이 약해져 시설에
　　입소하시게 된 거니까요.
　　필자 : 그럼 작은어머니가 준비해놓으신 건 뭐가 있나요?
　　Q : 장례업자와의 계약, 딱 그것뿐이에요. 하다못해 절에다 죽은
　　사촌과 작은아버지의 영구 공양 비용 정도는 미리 치러두길 바랐
　　습니다만.

　　R씨가 건강할 때 미리 준비한 것은 장례업자와의 계약뿐이었
다. 이 정도의 준비밖에 하지 않는다는 것은 R씨뿐 아니라 많은
노인들에게 자주 듣는 이야기다.
　　하지만 R씨의 사례를 보면 명확하게 알 수 있는 것이 있다. 바로
혼자 사는 노인은 그 나름의 준비가 반드시 필요하다는 점이다.
　　다시 말해 장례식보다 전 단계, 허약해서 쓰러질 때를 대비한
준비를 해두어야 한다.
　　구체적으로 정리하면 다음과 같은 것들을 미리 고민해야 한다.

- 만약 혼자 있을 때 쓰러지면 나를 발견할 사람은 누구인가.
- 발견한 후에 누구에게 연락하라고 할 것인가.
- 더는 혼자서 살 수 없게 되면 누가 나를 돌볼 것인가.
- 그 후에 나는 어디에서 생활하고 싶은가.
- 시설을 원한다면 어떤 시설인가.

이처럼 쓰러진 직후로 한정해도 여러 해결해야 할 문제들이 있다. 이에 대한 준비가 되어 있다면 그에 따라 응급 치료 후의 대처 방향도 크게 달라진다.

또한 이러한 상황이 발생할 것을 예상하고 그때를 대비하여 의식적으로 인간관계를 형성해두어야 한다. 의지할 사람이 없다면 성년후견 제도나 신원보증업자, 비영리조직에 대한 정보를 수집하여 그런 제도나 기관을 활용하는 편이 좋다. 그래야 사기를 당하거나 악덕업자의 먹잇감이 되지 않는다. 무엇보다 '나는 절대로 치매에 걸리지 않을 거야'라고 생각하며 치매에 관한 학습을 거부하지 말고, 시간이 지나면 대폭적으로 바뀌곤 하는 치매 관련 최신 정보들을 알아두어야 한다.

이 외에 복지·의료·요양 관련 제도나 실태를 살펴보고 나중에 바로 활용할 수 있도록 준비하는 것도 필요하다.

노인에게 가족의 의미

기운이 빠진 노인을
버티게 하는 가족의 힘

Q씨는 후견인이 되어 작은어머니인 R씨를 돌보는 한편, 어머니(S씨, 99세)를 계속 모시고 살았다. 동서 사이인 S씨와 R씨의 인생은 80대 중반까지 공통점이 아주 많았다. 두 사람 모두 정년퇴직할 때까지 공무원으로 일했으며 퇴직 후에는 의욕적으로 사회활동, 취미생활, 여행 등을 즐기는 건강한 고령자였다.

그러나 85세를 기점으로 하여 두 사람의 인생은 격차가 벌어지기 시작했다. R씨는 앞서 살펴본 것처럼 힘겹게 생활하게 된 반면, S씨는 91세에 병으로 쓰러져 활동을 중단한 적은 있지만 96세까지 수예 교실 강사로 활동하며 계속 건강하게 생활했다.

아흔이 넘어서도 S씨가 건강한 장수 노인으로 사는 이유를 딸

Q씨는 다음과 같이 설명한다.

Q : 저희 엄마는 오랫동안 수예 교실에서 자수 강사로 활동했어요. 아흔 살 봄까지는 좋은 작품들을 만들어 전시회도 여시곤 했죠. 그런데 90세 여름에 더위를 이기지 못해 건강이 안 좋아지시더니 몸 상태가 점점 악화되어 걷기도 힘든 지경에까지 이르렀어요. 하지만 반 년이 지나 주간보호센터에 다니면서 조금씩 좋아지기 시작하더니 요개호 3등급에서 한때는 요지원 2등급까지 내려왔었죠. 그리고 1년쯤 지나 조금 건강해지자 집에서 자수를 가르치기 시작하셨어요. 그 일을 완전히 그만둔 건 아흔여섯 살 되시던 해예요. 수강생들한테 "건강하시네요, 정말 정정하세요"라는 말을 계속 들으셨습니다.

건강한 장수 노인이라고 다른 사람들의 부러움을 샀던 S씨의 생활은 딸인 Q씨가 같이 살면서 돕지 않았다면 지속되기 어려웠을 것이다.

무엇보다 아흔 살 여름에 쓰러졌을 때, 딸이 바로 알아차려 병원에 데려가고 그후에도 지극정성으로 돌보지 않았다면 다시 빠르게 회복하기 힘들었을 것이다. 만약 S씨가 혼자 살았다면 R씨와 마찬가지로 시설에 입소할 수밖에 없었을지도 모른다.

특히 S씨 삶의 원천인 수예 강사를 96세까지 계속 할 수 있었던 건 꾸준히 그녀를 도운 Q씨가 있었기 때문이다.

　　필자 : 계속 어머니와 함께 생활하셨는데, 만약 같이 살지 않았다
　　면 어머니가 쓰러지고 나서 혼자서 생활할 수 있었을 거라고 생각
　　하세요?
　　Q : 아아, 그건 무리죠! 어렵죠! 어려워! 절대로 불가능해요.
　　필자 : 어떤 점이 제일 어려울까요? 90대 중반이 넘어서도 댁에서
　　계속 수예를 가르치실 정도로 힘이 있었는데요.
　　Q : 가장 큰 문제는 시간 감각이에요. 94세 무렵부터는 무슨 요일인
　　지 모르시더라고요. 잠깐 주무시다 일어나선 날짜가 바뀌었다고 생
　　각하시기도 하고요. 그래서 제가 메모장 역할을 했죠. 수예 교실에
　　서 엄마가 가르치기 편하도록 교재를 준비하기도 했고요. 제가 조
　　수 노릇을 했어요. 엄마는 요리는 물론이고 장보기도 못 하세요.

　　Q씨의 이야기를 종합해보면 주위 사람들에게 건강한 장수
노인이라는 소리를 계속 들었던 S씨지만 실제 자신의 힘으로 생
활을 유지할 수 있었던 것은 90세 봄까지였다.

전통적 가족관에 의한 보살핌을
기대해서는 안 된다

　　이러한 관점에서 보면 1장에서 소개한 A씨, B씨 부부, C씨 부

부도 같이 살거나 근처에 사는 자녀가 그들의 생활을 뒤에서 지원해주었다.

A씨의 사위는 집안일은 돕지 않지만 걷기 불편한 A씨를 위해 쇼핑 하러 가거나 외출할 때 운전기사 역할을 하고, 악덕업자의 접근을 막는 문지기 역할도 한다. 또 A씨가 쓰러지게 되면 A씨를 발견해줄 사람이다.

B씨 부부와 C씨 부부도 병원에 입원하거나 외래 진료를 받을 때 필요하면 가까이 사는 딸이 동행하여 의사와 소통해주고, 생활하다 어려움이 생길 때마다 곧바로 달려와 문제를 처리해주었다.

주위 사람들에게 건강한 노인이라는 평가를 받고 본인도 나이가 들었다는 생각 없이 살지만, 대부분 그 뒤에는 초고령기의 취약성으로 인한 생활의 결핍을 보충해주며 만일의 사태가 발생하면 방패막이가 되어주는 자녀나 친족, 지인이 존재했다.

이는 장수를 주제로 하여 책을 쓴 작가들도 마찬가지다. 앞서 말한 세토우치 자쿠초 씨는 저술이나 강연 활동을 도울 뿐만 아니라 집안일을 맡아서 하고 외출할 때 휠체어를 밀어주는 입주 비서를 두고 있다. 또한 하시다 씨는 남성 정원사와 여러 가지 일을 도와주는 너댓 명의 여성들을 고용하고 있다. 일반 서민이 허약해졌을 때 가족에게 받는 도움을 유명 작가들은 경제력으로 보완하고 있다(『나답게 살다 나답게 죽고 싶다』, 120쪽).

Q씨를 인터뷰 할 때 자리에 함께한 어머니 S씨에게 "딸이 있

어 다행이네요. 가끔씩 고맙다는 말씀을 하세요?" 하고 물어보았
다. 그러자 "안 해요. 딸이니 당연히 해야 하는 일이니까요"라는
대답이 돌아왔다. Q씨도 "마지막에는 어떻게 하고 싶은지 엄마
한테 물어봐도 소용없어요. 이제 모든 의사결정은 돌보는 쪽의
권리라고 생각해요. 이런저런 확인하는 일을 그만둔 지 이미 오
래예요"라며 어머니가 자기 의지로 무언가를 준비하는 것을 포
기한 상태라고 말했다.

　이런 전통적 가족관이 고령자 세대에 뿌리 깊게 남아 있는 것
이 가장 큰 문제다. 의지할 자녀나 가족이 있는 사람은 물론 혼자
사는 사람도 자신과 연관된 사람들과 가까운 미래의 일을 제대
로 의논하지 않고 '누군가가 어떻게든 해주겠지' 하며 속수무책
으로 방관하거나 '될 대로 되겠지' 하고 무방비 상태로 살고 있다.

　하지만 앞서 살펴본 것처럼 의지할 가족이 없는 사람이 점점
더 늘어나고 있다. 또한 가족이 있어도 노인들의 기대를 채워주
지 않는 방향으로 가족 부양 인식이 바뀌고 있다. 그래서 미처
예상치 못했던 어려움에 처하는 노인들이 많으며, 앞으로 이런
사람들은 더욱더 많아질 것이다.

　비교적 짧은 기간에 준비할 수 있는 상속, 묘지, 유품 정리, 연
명 치료 여부와 같은 죽음 준비도 중요하지만, 남은 인생의 존엄
성을 조금이라도 지키기 위해서는 되도록 빨리 '쇠약 준비'를 시
작해야 한다. 그것이 현대의 노인들에게 주어진 가장 큰 과제다.

4장

노후 준비를
위해
무엇을 하고
있는가?

◇◇◇◇◇◇◇◇◇◇◇◇◇◇◇◇◇◇◇◇◇◇◇◇◇◇◇◇◇◇◇◇◇◇◇◇◇

1 0 0
y e a r s
o l d

인생의 마지막 단계를 위한 준비

"누군가에게 돌봄을 받아야 한다면……
로봇에게 받고 싶어."

필자 : 나이가 들어 몸이 힘들어져도 자녀에게 도움을 받지 않겠다
는 분이 계시던데, 어르신들은 어떠세요?

T : 나는 폐를 끼치고 싶지 않아요.

U : 나도 싫어요.

V : 나는 자식들이고 누구고 아무한테도 도움을 받고 싶지 않소.
집에서 생활하다 죽기 사흘 전쯤 병원에 실려 가는 게 제일 좋지.

필자 : 그럼 세 분 모두 자녀분들에게 도움을 받지 않겠다는 말씀
이신데, 구체적으로 어떤 도움을 받는 게 가장 부담스러우세요?

T / U : 돈이죠. 그리고 며느리한테 신세를 지고 싶지 않아요.

필자 : 그럼 몸이 쇠약해지면 시설이나 병원으로 가시겠다는 말씀

인가요?

T / U : 그렇죠.

필자 : 혹시 주택형 유료노인시설(생활 지원 서비스를 제공하며, 요양 돌봄이 필요한 사람은 외부의 복지 사업자와 계약—옮긴이)과 요양서비스 제공 유료노인시설의 차이는 알고 계세요? 또 최근에 늘어나고 있는 서비스 제공 노인주택(노인의 활동을 배려한 주택에서 생활하며 안부 확인, 생활 상담 서비스를 추가로 받을 수 있는 임대주택—옮긴이)과의 차이는요?

T / U : 몰라요. 뭐가 다른가요?

필자 : 조금 전에 자녀분들의 도움은 받지 않겠다고 하셨잖아요. 자녀에게 도움을 받지 않을 생각이시라면, '이 시설이 좋겠다. 이 시설에 들어갈 거야'를 누가 결정합니까?

U : 그거야 자식한테 의지할 수밖에 없죠. 나는 잘 모르니까.

T : 나는 시설 견학을 해보고 싶긴 한데 아직 가보진 않았어요.

필자 : V씨는 마지막까지 자택에서 생활하고 싶다고 말씀하셨는데 주치의는 정하셨나요?

V : 주치의란 게 뭡니까? 나는 이 나이가 되도록 잔병치레 없이 살았고 병원 문턱 한번 넘어본 적 없어 그런 사람은 없소.

필자 : 그래도 댁에서 지내시려면 주치의나 방문간호사 같은 사람에게 서비스를 받아야 하잖아요. 그렇다면 빨리 결정해두셔야죠.

V : 나는 사람이 아니라 로봇에게 돌봄을 받고 싶소. 로봇이 하는

요양 서비스는 없을까?

T씨, U씨, V씨 모두 83세다. T씨와 U씨는 여성이고 V씨는
남성이다. 세 사람 다 노인들이 많이 다니는 문화센터의 수강생
이며, 지역사회에서 리더 역할을 하고 있다. 이들 모두 다양한
취미생활로 하루하루를 바쁘게 보내고 있다.

나는 '아흔 살이 넘은 사람들은 죽음이 멀지 않았으니 자기가
쓰러지면 어떻게 대처할지 미리 생각해둔 사람이 많을 것'이라
고 생각하고 장수 노인들의 이야기를 들었다.

하지만 90세가 아니라 100세가 되어도 사람은 좀처럼 자기
나이를 실감하지 못하며, 대부분 쓰러지면 어떻게 할지 미리 대
처법을 준비해놓지도 않았다는 사실을 알게 되었다. 특히 '자식
이 부모를 돌보는 게 당연하다'고 생각하는 사람일수록 그 정도
가 심했다.

그렇다면 90대보다 아랫세대, 그 가운데에서도 쇼와 시대
(1926~89년)에 태어나 현재 지역활동이나 취미생활에 의욕적으
로 참여하며 문화센터나 평생교육시설 등에 열심히 다니는 사
람들이라면 어떨까.

이 세대는 일본이 경제적으로 점점 풍요로워지던 시기에 '자
녀 중심/교육 중심/부부 중심'의 핵가족을 이루었다. 일가친척
과 친밀하게 교류하던 문화에서 개인주의적 삶의 방식으로 전

환한 세대이기도 하다.

이들이 고령자가 된 지금 자녀 세대와의 관계를 살펴보면 윗세대와 크게 달라졌다는 사실을 알 수 있다. 부모와 자녀가 함께 사는 경우 자녀가 미혼인 비율이 늘어났고, 결혼해서 따로 사는 자녀도 남편의 친가 중심에서 아내의 친가 중심으로 관계 형성의 방향이 바뀌었다. 이제 자녀가 자신을 돌봐줄 것이라고 기대할 수 없는 사람들이 증가하고 있다.

이런 환경 변화 속에서 초고령기의 삶의 방식을 스스로 결정하고 그것을 달성하기 위해 준비하는 사람이 많지 않을까. 그렇게 가정하고 쇼와 시대에 태어난 사람 중 활발하게 생활하고 있는 고령자들의 이야기를 들어보기로 했다.

앞서 소개한 T씨, U씨, V씨가 바로 그런 사람들로, 그들과의 대화는 무척 인상 깊었다.

세 사람 모두 '자녀의 도움을 받지 않겠다'고 주장한다. 언뜻 윗세대 노인들과는 다른 태도를 지닌 것처럼 보인다. 하지만 그것을 현실화하는 수단이나 의사결정은 전부 자신이 아닌 자녀에게 맡기겠다고 말한다. 자기 집에서 마지막 순간까지 살기를 희망하면서도 '로봇이 돌봐주면 좋겠다'는 현실과 동떨어진 생각을 하고 있다. 이들은 경제적인 어려움이 없어도 마지막 순간에는 다른 누군가에게 자신을 맡길 수밖에 없다.

그들은 자녀의 도움을 받지 않겠다고 말하지만 결국은 자녀에게 자신의 인생을 전부 떠넘기고 있다고 볼 수밖에 없다. 더 늦기 전에 스스로 고민하고 자신만의 목표를 세워 준비해야 한다. 막상 몸이 쇠약해져 쓰러지고 나면 그때는 판단력을 잃어 어쩔 도리가 없기 때문이다.

노후에 대해
부정적인 생각은 하지 않는다?

앞서 말한 세 사람과 유사한 생각을 하는 이들이 꽤 많다. 특히 쇼와 1년(1926년— 옮긴이)에 태어난 사람부터 단카이 세대(1948년 전후에 태어난 세대— 옮긴이)에 이르는 연령층이 그렇다. 그들 가운데 많은 수가 '나에게는 요양돌봄 문제가 생기지 않을 것이다', '평생 현역으로 인생을 마무리할 수 있다'고 굳게 믿고 있다.

다음에 소개할 82세의 남성 W씨와 그의 아내도 그런 경향이 아주 뚜렷했다. W씨는 어느 지역의 남녀공동참가센터에서 내가 연속 5회 과정으로 '쇼와 세대의 가족과 돌봄'이라는 주제로 강의했을 때의 수강생이다. W씨는 다섯 번 모두 맨 앞자리에 앉아서 열심히 강의를 들었다.

마지막 강의가 끝난 후 내가 W씨에게 "끝까지 듣고 나니 어떤 생각이 드세요?"라고 물었다. 그러자 그는 다음과 같이 대답했다.

W : 나는 현역으로 일할 때 외국에서 근무한 적도 있고 엄격하게 위험 관리를 하며 경력을 쌓아왔습니다. 그래서 나중에 쓰러지면 어떻게 할지 따위의 암울한 생각은 하지 않으려고 합니다. 일부러 요양에 관한 책은 읽지도 않고 지금까지는 그냥 찢어버렸어요.

필자 : 하지만 W씨든 사모님이든 돌봄을 받아야 하는 상황이 되는 게 앞으로 맞닥뜨리실 수 있는 가장 큰 위험일 텐데요. 그때를 대비한 위험 관리는 어떻게 하실 생각이세요?

W : 저는 늘 긍정적인 사고로 살아왔습니다. 그래서 그렇게 부정적인 상황은 생각하지 않아요.

필자 : 만약 현실에서 요양돌봄이 필요해지면 어쩌실 거예요?

W : 그야 뭐, 특별 어쩌고 하는 24시간 돌봐주는 시설이 있잖아요. 거기에 들어갈 거예요.

필자 : 아, 특별양호노인홈(개호보험법의 적용을 받는 시설로 자택 생활이 불가능한 사람만 입소할 수 있음─옮긴이)이요. 하지만 거긴 요개호 3등급 이상이 아니면 들어갈 수 없고, 이 도시에서도 500명이나 대기 중이어서 신청해도 금방 들어가실 수 없을 거예요.

W : 그렇다면 아들이 있으니 아들이 어떻게든 해주겠죠.

필자 : 그래도 모처럼 제 강의를 다섯 번이나 들으셨으니까 댁에 돌아가시면 사모님하고 그런 상황이 닥치면 어떻게 할지 한번 의논해보세요. 아주 중요한 일이라고 생각합니다.

　그후 한 달이 지나 강좌의 수료식이 열리는 날, W씨가 아내와 함께 참석했다. 부부는 내가 권한 대로 이야기를 나눠봤다고 했다. 나는 W씨의 아내에게 "어떤 말씀들을 하셨어요?"라고 물었다. 그녀는 다음과 같이 대답했다.

W씨의 아내 : 지금까지 이런 주제로 이야기를 해본 건 처음인데, 둘이서 앞으로 어떻게 할지 이야기를 했어요. 결론은 나는 남편의 수발을 들고 싶지 않고 남편도 내 수발을 들고 싶지 않다는 거예요. "이게 우리가 사는 방식이지" 하면서요. 남편도 그렇다고 수긍했어요.

필자 : 어머! 두 분 모두 80세가 넘으셨는데 이제 곧 누군가는 돌봄이 필요해질지도 모른다는 생각은 안 하세요?

W씨의 아내 : 네, 그런 생각은 안 해요. 남편의 신조는 부정적인 생각을 하지 않는 것이고 저 역시 여태까지 그 신조를 따라왔으니까요. 그래서 요양 상태에 빠지지 않도록 하루하루를 충실하게 보내려고 노력하고 있어요.

남편은 82세인데 노인들이 보통 다니는 주간보호센터 같은 곳 대신 이런 문화센터에서 무언가를 배우고, 저는 제가 좋아하는 그림을 그리거나 미술관이나 극장을 다니며 매일 무척 바쁘게 보내고 있어요. 그래서 괜찮을 것 같아요.

이 말을 듣고 깜짝 놀랐다. 요양돌봄 문제를 연구하는 내가 지금까지 만나온 사람들은 돌봄을 받거나 지원하는 사람, 노인 관련 시설 직원이나 지원 기관의 담당자 등 '어떻게 하면 누군가에게 돌봄을 받아야 하는 시기에 존엄한 삶을 살 수 있는가'를 고민하는 사람들이었다.

그래서 자신들의 인생에 누군가의 돌봄이 필요한 시기가 있다는 사실을 '부정적인' 일로 인식하고 있는 W씨 부부의 생각에 놀랄 수밖에 없었다.

'성공적인 노화'의 함정

건강하게 몸을 움직이고 있는 고령자들 중에는 W씨와 같은 생각을 하는 사람이 아주 많다. 나는 노인 세대와 자녀 세대로부터 다음과 같은 이야기를 자주 들었다.

76세 남성 : 저는 부부 둘이서 살아요. 요양돌봄에 대한 걱정은 없습니다. 왜냐하면 우리 집에서는 오래전부터 건강에 신경을 써왔거든요. 요리는 꼭 직접 해서 먹고 하루에 32가지 음식을 먹습니다. 매일 콩가루를 섞은 요구르트나 낫토 중 하나는 반드시 먹고 식초가 들어간 것도 빼놓지 않죠. 그리고 둘이서 매일 5~6킬로미터씩은 걸으니까요.

58세 여성 : 저희 엄마는 80세인데 자기가 나이 들었다는 생각을 안 해요. "나는 85세에 죽을 거라 지금 해둬야 할 일이 너무 많아서 바쁘다." 그렇게 말씀하시면서 매일 부지런히 돌아다녀요. 취미 모임, 여행, 맛집 탐방, 온천 같은 데를요. 요양돌봄에 대한 정보 수집 같은 건 하지 않아요. 그런 건 전부 딸인 저한테만 맡겨놓고. 우울한 일은 생각하지 않겠대요.

분명 자신이 즐거워하는 일이나 취미생활, 유익한 사회활동을 하며 하루하루를 보낸다면 그보다 더 좋은 일은 없다. 게다가 몸에 좋은 음식을 규칙적으로 먹고, 산책하고, 헬스클럽에 다닌다면 건강을 유지하는 데에도 크게 도움이 될 것이다.

하지만 극소수의 운 좋은 사람만 예외일 뿐, 누구나 늙고 쇠약해져 다른 사람의 돌봄을 받는 인생을 살 수밖에 없다.

죽음을 피할 수 없는 것이 인간의 운명이라면 늙어서 다른 사람의 돌봄을 받는 것도 인간의 운명이라고 봐야 한다.

고령화 사회인 오늘날에는 '어떻게 나이 들어야 하는가. 어떻게 죽어야 좋은가. 그 답을 모르겠다'며 갈피를 못 잡고 헤매는 사람들이 점점 더 많아지고 있다. 그리고 또 한편으로는 성공적인 노화successful aging를 삶의 목표로 삼은 W씨 부부 같은 노인들이 계속 증가하고 있다.

우에노 지즈코(『여성 혐오를 혐오한다』를 쓴 사회학자— 옮긴이)

씨는 성공적인 노화에 대해 이렇게 설명한다. 그녀는 노년학자 아키야마 히로코 씨의 "성공적인 노화란 중년기를 죽음 직전까지 연장하는 사상이다"라는 말을 언급하며 "더 알기 쉽게 말하자면 '늙음을 마주하고 싶지 않다, 듣고 싶지 않다, 겪고 싶지 않다'는 생각이라고 해도 좋을 것이다"라고 말한다(우에노 지즈코, 『모든 사람은 혼자』, 세이토샤, 2012년, 67쪽).

그러나 "늙음을 마주하고 싶지 않다, 듣고 싶지 않다, 겪고 싶지 않다"고 고개를 저어봐도, 오래 살면 어쩔 수 없이 뼈가 약해져 보행에 어려움이 생기거나 치매 또는 노인성 질환에 걸릴 위험이 커진다. 그런데도 좋지 않은 생각은 하지 않겠다며 '나이 듦'을 부정하면 부정할수록, 그러한 위험을 현실로 마주했을 때 아무런 대처도 하지 못하고 W씨처럼 '아들이 어떻게든 해주겠지'라며 자신의 운명을 다른 사람 손에 맡길 수밖에 없다.

이 같은 사고방식은 자신의 미래를 자녀에게 통째로 맡겼던 윗세대 노인들과 하나도 다르지 않다. 이런 생각을 갖고 있다 보면 쓰러졌을 때 '내가 이렇게 될 줄이야!' 하고 절망감만 더욱 깊이 느끼게 된다.

더구나 자녀에게 의지하고 싶어도 그럴 만한 가족이 없는 사람이 계속 늘어나고 있는 요즘 시대에 이런 삶의 방식을 과연 성공적인 노화라고 부를 수 있을까?

이런 관점에서 보면 고령화 시대에 노인의 삶의 방식으로 가장 바람직한 것은 건강 증진에 힘쓰고, 매일매일 인생을 풍요롭게 하는 다양한 활동을 하고, 노화로 인한 위험에 대비하는 것이다. 누군가에게 돌봄을 받으며 살아갈 수밖에 없는 시기가 기다린다는 것을 전제로 하여, 건강하고 아직 판단력이 남아 있을 때 어떻게 자신의 인생을 마무리할지를 고민해야 한다. 요양돌봄에 대한 정보를 수집하고 인간관계를 새롭게 형성해나가야 한다.

하지만 현재 건강하고 활발하게 활동하고 있는 초기 고령자들은 과연 이를 염두에 두고 있을까?

우리가 몇 살까지 살게 될까?

예상을 벗어난 미래 예측—
이렇게나 오래 살 줄이야

K : 그때는 연금을 미리 앞당겨 받을 수 있는 제도가 있어서 몇 년 빨리 신청했어요. 당시 관공서에서도 75세에 죽으면 낸 만큼 받게 되는 거라고 설명했기 때문에 빨리 받는 게 낫겠다 싶어 앞당겨 받기 시작했죠. 75세가 되기 전에 죽을 줄 알았어요. 하지만 지금은 제 연금만으로 살 수가 없어요. 같이 사는 딸의 월급이 있어 그나마 어떻게든 지내고 있죠.

C : 우리 아내는 연금이 적어요. 당시에 계산해보니 70세까지 살면 납부한 금액과 연금으로 받는 금액이 비슷하겠더라고요. 그래서 아내한테 빨리 신청해서 받으라고 했죠. 그래서 연금을 몇 년 앞당겨 받았습니다. 그때는 이렇게 오래 살 줄 몰랐죠. 가끔 둘이서 "큰

손해를 봤네"라고 얘기하곤 합니다.

K씨(91세 여성)와 C씨(91세 남성)는 앞에서도 등장했던 건강한 장수 노인이다. K씨와 C씨의 아내가 연금을 앞당겨 받은 1980년대 초반에 여성의 평균수명은 78.76세였고, 90세까지 생존할 확률은 16.0퍼센트였다. 하지만 2017년 여성들의 평균수명은 87.26세, 90세까지 생존할 확률은 50.2퍼센트가 되었다. 30여 년 전에 '75세가 되기 전에 죽을 것'이라고 미래를 예측하고 선택했던 결정을 지금 두 사람은 "큰 손해를 봤네"라며 후회한다.

사람은 현재 시점에서 그릴 수 있는 미래 이미지에 이끌려 발걸음을 내딛는다. '지금, 여기'에서 하는 선택은 미래로 이어진다. 이와 관련하여 사상가인 미키 기요시의 이론을 철학자인 우치야마 다카시 씨가 다음과 같이 인용하고 있다.

미래는 항상 현재를 바탕으로 만들어진다는 사실을 잊지 말아야 한다. 그것은 인간도 마찬가지다. 지금의 나야말로 미래의 나 자신이다. 달리 표현하자면, 현재 나의 삶은 미래의 내 삶이기도 하다. 왜냐하면 인간은 현재 자신의 모습과 유사하게 미래의 자신을 만드는 특성이 있기 때문이다.

— 우치야마 다카시, 『철학의 모험』, 헤이본샤, 1999년, 27쪽

이런 관점에서 현재 활발하게 생활하고 있는 초기 고령자들
의 미래 이미지를 파악하면 이들의 초고령기 생활을 예측할 수
있을지도 모른다. 그렇게 생각한 나는 '인생 100세 행복한 인
생 설계'라는 워크숍을 기획하고 개최했을 때 참석한 고령자
(60~84세의 여성 72명)들이 100세까지 자신의 미래를 예측하고
쓴 글을 다시 한 번 검토해보았다.

미래 이미지 조사—
85세 이후의 삶을 상상하지 못한다

워크숍 참가 대상자는 내가 속한 '살기 좋은 고령사회를 위한
여성 모임—히로시마' 회원들과 다른 두 곳의 평생교육그룹에 참
여하는 여성 고령자들이었다. 워크숍은 연속 세 차례 실시되었다.

여기에서 소개할 내용은 첫 워크숍 때 '인생 100세 시대의 인
생 설계' 작성의 일환으로 수행한 작업이다. 60세부터 5세 단위
의 연령기로 구분해서 앞으로 나에게 일어날 인생의 주요 사건
을 써보자는 과제를 냈다. 참가자에게 100세까지의 인생 설계,
즉 미래의 이미지를 작성하게 했다(표 1 참조).

워크숍은 우선 기본 강의부터 시작했다. 강의 내용은 일본의
미래 예측, 구체적으로는 재가복지 중심의 간호·의료·복지의
제도 변화 방향이었다. 그리고 자녀가 없거나, 있어도 부모를 돌
볼 능력이 없는 사람이 증가하고 있다는 사실을 알렸다. 또한 나

이가 들수록 높아지는 요양 수급자 비율과 치매 발병률, 넙다리 뼈 골절 비율 등 초고령기 위험을 안고 사는 80세 이상의 여성 노인이 늘어나는 사회 변화의 전반적인 흐름을 언급했다.

그러고 나서 이러한 시대 변화를 염두에 두고 표 1에 있는 '사회 관계', '친구 관계', '나에게 일어나는 일(신체, 가족, 주거 등)'의 세 가지 축을 중심으로 앞으로 자신의 인생에서 경험하게 될 미래를 상상해서 써보라고 했다.

참고로 자유롭게 작성하라고 했지만 예시가 있는 편이 이해하는 데 도움이 될 거라고 생각해서 자료(이 책 282쪽에 수록되어 있는 부록)를 미리 나누어주었다.

참가자들이 작성한 인생 설계표를 검토하며 무척 재미있는 사실을 발견했다.

그것은 각 연령기들의 칸을 모두 채우지 않고 빈칸을 남겨둔 사람들이 아주 많았다는 것이다. 그들이 그렇게 작성한 이유를 들어보니, 미래 이미지를 그리는 작업은 작성자의 나이뿐 아니라 다른 몇 가지 요인에 영향을 받는다는 사실을 알 수 있었다.

먼저 빈칸으로 남겨진 연령기가 언제인지부터 살펴보자.

워크숍의 목적은 강의에서 이야기한 '2017년 기준 50.2퍼센트가 90세까지 생존하고 25.5퍼센트가 95세까지 생존한다(남성은 각 25.8퍼센트, 9.1퍼센트)'는 고령화의 실태에 관한 지식을 공

표1) 인생 100세 시대의 인생 설계 작성표

(60세부터 5세 단위로 나에게 일어날 인생의 주요 사건을 작성해봅시다.)

연령기	연령	사회 관계	친구 관계	나에게 일어나는 일 (신체, 가족, 주거 등)
I기	60세 61세 62세 63세 64세			
II기	65세 66세 67세 68세 69세			
III기	70세 71세 72세 73세 74세			
IV기	75세 76세 77세 78세 79세			
V기	80세 81세 82세 83세 84세			
VI기	85세 86세 87세 88세 89세			
VII기	90세 이상			

유하는 것이었다. 또한 자료로 배부한 부록의 일상생활 능력 저하에 대한 구체적인 사항을 참고하여 참가자가 90세 이상의 연령기까지 자신의 미래 이미지를 작성하는 작업을 통해 초고령기를 맞이하여 미리 해야 할 과제나 준비의 필요성을 깨닫게 하는 것이었다.

하지만 참가자들이 작성해서 제출한 표를 보니, 나의 기대가 크게 빗나갔음을 알 수 있었다.

많은 사람들이 85세 이상 두 개의 연령기, 즉 VI기(85~89세)와 VII기(90세 이상) 부분을 작성하지 못하고 빈칸으로 낸 것이다.

80대 참가자(6명) 가운데에는 VI기와 VII기 칸을 모두 채우지 못한 사람이 아무도 없었다. 그러나 70대 참가자(28명) 중에는 작성한 사람이 9명, 작성하지 못한 사람이 19명이었다. 60대 참가자(38명)는 작성한 사람이 9명, 작성하지 못한 사람이 29명이었다. 이를 모두 합해보면 60대와 70대 참가자 66명 중 48명, 즉 70퍼센트는 85세 이상이 된 자신의 초고령기 이미지를 그리지 못했다(표 2 참조).

사회의 고령화가 진행되고 90세가 넘은 노인이 늘어나는 현실을 지식으로 습득해도, 사람들은 그 지식과 자신의 삶을 결합해서 자기 미래를 상상하는 것이 아님을 알 수 있었다.

표2) 참가자들이 작성한 연령기

작성한 연령기	참가자 연령대			
	80대	70대	60대	작성 합계
Ⅶ기(90세 이상)까지 작성	5명	3명	3명	11명
Ⅵ기(85~89세)까지 작성	1명	6명	6명	13명
Ⅴ기(80~84세)까지 작성	—	15명	14명	29명
Ⅳ기(75~79세)까지 작성	—	4명	11명	15명
Ⅲ기(70~74세)까지 작성	—	—	4명	4명
합계	6명	28명	38명	72명

편안한 죽음을 바라는
소망이 불러온 폐해

그렇다면 배운 지식을 현실에 적용하지 못하도록 방해하는 요인은 무엇일까.

우선 고령화에 대한 지식을 쌓아도 먼 훗날의 일을 쉽사리 상상하지 못해, 고령화의 현실과 자신의 미래를 연결 짓지 못하는 사람들이 있을 것이다.

그리고 자신이 습득한 지식이 사실이라는 것은 알지만 그런 현실을 생각하고 싶지 않은 사람들이 있을 것이다. '이런 일들은 내 미래에서 지워버리고 싶다.' 그렇게 생각하는 사람도 있을 것이다.

그 외에도 내가 생각하지 못하는 여러 가지 이유가 있을지 모른다.

60대와 70대 참가자 중 85세 이상의 연령기를 빈칸으로 남겨둔 사람들에게 그 이유를 물었다. 그러자 70대 참가자들은 그 이유를 다음과 같이 밝혔다.

- 83세가 되면 어딘가의 시설에 들어가 84세에는 인생 종료 예정(77세 참가자)
- 즐거운 추억을 가득 쌓으며 살다가 핀핀코로리. 노인 요양시설에서 유치한 동작을 따라 해야 한다면 차라리 죽는 게 낫다(78세 참가자)
- 85세, 그쯤에서 끝내고 싶다(71세 참가자)
- 부모님이 50대, 60대에 돌아가시고 본보기가 없어 그 시기의 삶을 상상하기 어렵다(74세 참가자)
- 85세 이후의 삶은 전혀 짐작이 되지 않는다(73세 참가자)
- 그때까지 살아있을 거라고는 절대 생각하지 않는다(72세 참가자)

- 여성의 평균수명 전에 죽을지도 모른다(71세 참가자)
- 희망이라면 80대 초반에 죽고 싶다(70세 참가자)

60대 참가자들은 다음과 같은 이유를 들었다.

- 가능하면 80대 초반에 삶을 끝내고 싶다(69세 참가자)
- VI기(85~89세) 이후는 상상이 안 됩니다(65세 참가자)
- 80대 초반까지 건강한 상태로 모든 에너지를 쏟아붓고 죽고 싶다(68세 참가자)
- 80세 이후를 상상할 수 없습니다(62세 참가자)
- 84세쯤 되면 그만 살고 싶다(60세 참가자)
- 나는 85세에 사망(64세 참가자)
- 85세에 병사(65세 참가자)

　이 내용으로부터 몇 가지 중요한 이유를 찾을 수 있다. 하나는 고령화가 급속히 진행되고 있지만 수명에 대한 생각은 여전히 '인생 100세 시대'가 아니라 '인생 80세 시대'에 머물러 있는 사람이 많고 구속력도 뿌리 깊다는 사실이다.

　두 번째는 역시 급속한 고령화와 관련된 것인데, 우리가 일상적으로 보는 초고령기 노인은 TV 등의 매스컴에 등장하는 특별히 건강한 장수 노인이거나 노인시설에서 생활하는 요양 환자인 경우가 많다. 본보기로 삼을 만한 초고령기 노인과 가까이 접촉할 기회가 없다는 것이다. 이러한 환경에서 자신의 미래 이미지를 어떻게 그리면 좋을지 갈피를 잡지 못하는 사람이 분명 존재할 것이다.

마지막으로 한 가지 더 이런 사고방식에 영향을 미치는 것은 '건강한 상태로 죽고 싶다'는 핀핀코로리에 대한 환상이다. 이런 환상에만 사로잡힌 채 하루하루를 보내는 노인들이 많다는 사실이 바로 현대 사회의 현실인지도 모른다.

그렇다면 노인들이 핀핀코로리 또는 빨리 죽기를 바라는 이유는 무엇일까? 이와 관련하여 후생노동성이 위탁 조사한 「건강 의식에 관한 조사」(2014년) 중에 '내가 살고 싶은 나이와 내가 살 수 있다고 생각하는 나이'에 관한 설문 항목이 있다.

65세 이상은 '내가 살고 싶은 나이'로 여성은 79.47세, 남성은 82.83세라고 응답했다. 한편 '내가 살 수 있다고 생각하는 나이'는 여성 78.79세, 남성 80.73세였다. 현실은 여성이 남성보다 오래 살지만 조사에서는 여성이 남성보다 기대수명을 짧게 답했다.

이런 사실을 종합해보면 돌봄 역할을 담당했던 여성이 남성보다 '다른 사람에게 돌봄을 받는 일'에 대한 부담감이 크고, 그것이 결국 핀핀코로리나 빨리 죽고 싶다는 바람으로 이어지는 것이 아닐까 싶다. 이러한 상황이 여성들이 시대 변화에 걸맞은 '초고령기를 살아가는 자기 이미지'를 상상하는 것을 더욱 어렵게 만들고 있는 것 같다.

표 1을 작성한 사람들이 일부 연령기를 빈칸으로 남겨놓은 이유에 대한 해석은 이쯤에서 접어두고, 그들이 작성한 내용을 중심으로 참가자들의 현 실태와 미래 이미지를 분석해보았다. 그러자 그들이 미래 이미지를 그릴 수 없는 이유는 앞서 설명한 요인뿐만이 아니라는 사실을 알게 되었다. 이제 그 점을 살펴보기로 하자.

인생 마무리 준비는 어떻게 하고 있는가?

'늙어가는 일'과
'마무리'에 대한 준비

참가자들이 표 1의 각 연령기 부분에 작성한 내용을 하나하나 살펴보며 재미있는 사실을 발견했다.

각 연령기 구분 항목은 사회 관계, 친구 관계, 나에게 일어나는 일(신체, 가족, 주거 등)의 세 가지 축으로 나뉘어 있었다. 참가자들 모두 어느 연령기든 '사회 관계', '친구 관계' 부분에는 여러 가지 내용을 썼지만, 신체 능력 저하나 쇠약 준비 등의 내용이 적혀야 할 '나에게 일어나는 일' 부분에는 최소한의 내용만 적었다.

이런 경향을 보인 것은 60대 참가자는 물론 70대 후반 연령대의 참가자들도 마찬가지였다. 사회활동이나 취미활동, 친구와

의 교류에 관한 내용은 넘치도록 많이 작성했지만 신체 능력 저
하나 쇠약 준비에 대한 내용은 거의 작성하지 않았다. 많은 사람
들이 그랬다.

70대 후반 참가자들 중 4명이 현재 자신의 연령기인 IV기
(75~79세)에 하는 일이라고 적은 내용들을 모두 다 살펴보기로
하자.

[참가자 A(77세)]
- 사회 관계 : 노인복지시설 자원봉사, 평생교육그룹에 참가,
  합창단 활동, 연극 관람
- 친구 관계 : 합창단 동료들과 교류, 연극 관람 모임 동료와의
  교류, 자원봉사자 동료와의 교류
- 나에게 일어나는 일 : 집안일, 돈 계산, 수다 떨기도 가능

[참가자 B(75세)]
- 사회 관계 : 독서 모임, 아동용 책을 수집하고 대여하는 문고
  활동, 시민운동, 낭독 봉사
- 친구 관계 : 지금까지 사귄 친구들과 관계 유지, 동아리 친구
  관계 계속 유지
- 나에게 일어나는 일 : 걸음이 느려짐, 집안일을 하는 능력은
  변함없음, 금전 관리 능력 OK

[참가자 C(76세)]

- 사회 관계 : 해마다 몇 차례씩 미술전을 보러 감
- 친구 관계 : 친구와 식사 모임, 독서 모임
- 나에게 일어나는 일 : 조카들도 모두 결혼, 손자가 성인이 되어 취직, 집안일을 하는 능력 있음, 딸 가족과 온천 여행

  [참가자 D(75세)]

- 사회 관계 : 남편이 바둑 교실을 개최, 불교 법연에 참가
- 친구 관계 : 매월 1회 사촌동생과 노래방, 두 달에 한 번은 친구와 회식하며 수다
- 나에게 일어나는 일 : 현재 일상생활에 불편함 없음, 아침마다 30분씩 산책

　많은 내용을 적었지만 '나에게 일어나는 일'을 정확하게 집어낸 사례는 참가자 B의 "걸음이 느려짐"뿐이다.

　후기 고령자라고 불리는 75세 이상의 나이에도 건강할 때는 사람들의 관심이 사회활동, 취미활동, 친구와의 교류에 쏠려 있으며, 쇠약 준비에 관심을 기울이는 경우는 극히 드물다는 것을 알 수 있다.

늙는 것을 알면서도
구체적인 준비를 하지 않는 사람들

　많은 수는 아니지만 표 1의 '나에게 일어나는 일' 항목에 신체

능력의 저하나 쇠약 준비에 관한 내용을 쓴 사람들은 어느 연령
기에 그런 일이 발생한다고 상상했을까. 그리고 그것에 대비해
어떤 쇠약 준비를 하고 있을까.

먼저 70대 참가자가 이 항목에 작성한 내용을 모두 살펴보자.
70대가 되면 신체 능력 저하나 쇠약 준비의 필요성을 느끼는 사
람도 많을 것이기 때문이다.

그들이 작성한 내용은 ① 일상생활 능력의 저하 내용만 작성
한 것, ② 일상생활 능력 저하 및 보살핌 희망자(또는 장소)를 작
성한 것, ③ 일상생활 능력 저하 및 구체적인 준비 또는 대처 방
안을 작성한 것, 이 세 가지로 구분할 수 있다.

다시 말해 늙어가는 나에게 관심이 있기는 하지만 일상생활
능력의 저하만을 염두에 둔 사람이 있고, 쇠약 준비도 정보만 수
집하는 사람과 구체적으로 이미 대처하기 시작한 사람까지 큰
폭의 차이가 있었다.

늙어가는 나의 모습과 쇠약 준비에 대해 작성한 내용을 ①,
②, ③의 순서로 살펴보자.

[일상생활 능력의 저하 내용만 작성한 것]

• V기(80~84세)에 몸이 쇠약해짐, 천천히 주변 정리를 한다(71
세 참가자)

• V기(80~84세)에 지역 주민모임에 나가거나 종교활동, 치매
발병(76세 참가자)

- V기(80~84세)가 되면 집안일을 하는 능력과 금전 관리 능력 상실(72세 참가자)

- VI기(85~89세)에는 세심한 취미활동이나 집안일 능력 저하 (78세 참가자)

- VII기(90세 이상), 금전 관리를 하지 못하고 집안일을 하는 능력이 떨어짐, 쇼핑도 자유롭게 할 수 없고 식사 준비도 하지 못함(76세 참가자)

[일상생활 능력 저하 및 보살핌 희망자(또는 장소)를 작성한 것]

- 85세에 노인시설에 입소 희망, 신체가 쇠약해짐, 주변 정리는 천천히 스스로 한다(79세 참가자)

- V기(80~84세), 집안일을 하는 능력과 금전 관리 능력 상실, 판단력 저하, 자택이라면 요양보호사, 시설에 입소했다면 시설 상주 직원들과 교류. VII기(90세 이상)까지 살아있다면 남편과 노노케어(노인이 노인을 돌보는 것―옮긴이) 아니면 시설 직원에게 보살핌을 받음, 1년에 수차례 나보다 나이 어린 친구들이 찾아옴(71세 참가자)

- V기(80~84세)에는 개호보험 등급을 받아 일주일에 한 번씩 집으로 요양보호사가 방문, 내가 하고 싶은 대로 산다, 집에서 생활하기 어려워지면 노인시설에 입소(73세 참가자)

- VI기, 이 시기에 요양돌봄을 받게 될까? 단기보호, 주간보호, 방문간호를 이용하며 마지막 순간까지 자택에서. 치매에 걸

리거나 중증 환자가 되어 강도 높은 돌봄이 필요하다면 그룹홈으로 간다(75세 참가자)

[생활 능력 저하 및 구체적인 준비 또는 대처 방안을 작성한 것]

• 자택 수리 완료, 사망 시의 집 정리 등은 이미 신청해둠, 묘지도 정리(79세 참가자)

• 현재는 금전 관리 능력이 있지만 그것도 V기(80~84세)까지라고 생각한다. 현재 돈을 내면 요양돌봄을 해주는 곳을 찾고 있으며 자료를 모으는 중이다(77세 참가자)

• 앞으로도 최대한 70대에 했던 일을 계속 한다. 하지만 혼자 살기 때문에 슬슬 공공 상담소에 찾아가볼 예정이다(74세 참가자)

• VI기(85~89세)에는 지낼 장소를 확보하고 경제적인 면도 포함해 최종 정리. 마지막까지 집에서 살고 싶다. V기(80~84세)에는 자녀와 동거할지를 포함해 내가 지낼 장소 확인, 마무리 준비 시작하기, 금전 관리 확인(72세 참가자)

• VI기(85~89세)에 치매 발생, 셰어하우스에서 생활. V기(80~84세)에는 일상생활 지원 서비스 계약, 나중에 입소할 시설을 찾기로 결정, 지역포괄센터를 통해 성년후견인 결정, 부동산 매각, 집안일을 하는 능력 및 금전 관리 능력 저하(70세 참가자)

여기에 작성된 미래 이미지를 통해 알 수 있는 사실이 몇 가지 있다.

하나는 작성한 사람 대부분이 일상생활 능력이 저하되는 시기를 V기(80~84세), 늦어도 VI기(85~89세)로 예측한다는 점이다.

하지만 V기(80~84세)라고 예측하면서도 정작 그 전인 70대 후반(IV기)까지 구체적으로 그에 대한 준비를 한 사람은 "자택 수리 완료, 사망 시의 집 정리 등은 이미 신청해둠, 묘지도 정리", "현재 돈을 내면 요양돌봄을 해주는 곳을 찾고 있으며 자료를 모으는 중이다", "슬슬 공공 상담소에 찾아가볼 예정이다"라고 작성한 세 명뿐이다. 치매에 걸릴 위험을 예상하기는 해도 예상만 하는 사람과 자세한 정보를 알고 있는 사람은 차이가 크다.

요약하면 자신이 쇠약해졌을 때를 고민하는 사람도 70대 시점에 초고령기의 생활을 예상하고 준비를 시작한 사람은 적다는 것이다.

자신의 미래를
어떻게 그리고 있는가

지금까지 60~70대 참가자가 작성한 내용을 중심으로 살펴보고 80대 참가자에 대해서는 아무것도 언급하지 않았다. 왜냐하면 아직 여든 살이 되지 않은 세대와 80대 참가자 사이에는 분명히 다른 점이 몇 가지 있어 따로 설명할 필요가 있었기 때문이다.

그럼 80대 참가자가 VI기(85~89세), VII기(90세 이상) 부분에 작성한 내용을 모두 소개해보겠다.

VI기, VII기 연령기 부분은 60~70대 참가자의 70퍼센트가 빈칸으로 남겨놓은 부분이었다.

하지만 80대 참가자(모두 80대 초반, 6명)는 6명 중 5명이 90세 이상의 연령기(VII기)까지 작성했고, 1명은 VI기(85~89세)까지 작성했다.

6명이 쓴 글 전체를 살펴보자.

[참가자 E(82세)]

10년 후인 VII기(90세 이상)에 어떻게 되어 있을지 상상하기 어렵지만 건강하다면 지금처럼 소소한 즐거움을 느끼며 살고 싶다. 생활 자립도가 떨어지지 않았으면 좋겠다. 지역 주민자치단체의 임원은 80대 후반(VI기)까지 계속 하고 싶다.

[참가자 F(81세)]

VI기(85~89세)에도 지역 주민자치단체의 활동은 계속 하고 있을 거라고 생각한다. 내 취미는 산이나 들에 핀 풀을 캐다 집으로 옮겨 화분이나 정원에 심는 것이다. 이것이 내가 건강을 유지하는 비결이다. 90세 이상(VII기)이 되어도 현재 상태를 어느 정도 유지하지 않을까 생각한다.

[참가자 G(83세)]

VII기(90세 이상)에도 시에서 운영하는 노인 대학은 끝까지 다니고 싶다. 지금의 상태를 계속 유지할 수 있도록 주의해서 생활한다. 모든 일은 긍정적으로 생각한다.

[참석자 H(84세)]

VII기(90세 이상), 계속 다녀 익숙한 곳이라면 조금 멀어도 움직인다. 취미를 살려서 매일 즐겁게. 청소는 허리가 아파서 할 수 없다. 금전 관리는 직접 할 수 있다. 병원에 다니면서 건강을 관리한다.

[참가자 I(83세)]

VI기(85~89세), 자원봉사 활동은 80대에 축소. VII기(90세 이상)가 되면 봉사활동을 그만둔다. 집안일을 하는 능력과 금전 관리 능력이 사라진다. 친구 관계가 끊어진다.

[참가자 J]

VI기(85~89세)가 되면 모든 활동에서 은퇴. 내 힘으로 움직이는 동안 내 일은 내가 하고 싶다. 이웃들과 가끔 교류한다. VII기(90세 이상)에는 이미 이 세상에 없을지도 모른다. 요양돌봄을 받는다. 음식을 만들 수 없어 배달 서비스를 받는다. 시설에 입소. 금전 관리 능력의 상실. 신뢰할 수 있는 사람에게 재산 관리를 의뢰한다.

여기에 나타난 미래 이미지의 내용은 60~70대의 참가자가 상상했던 것과는 크게 달랐다.

60~70대 참가자의 70퍼센트는 초고령기가 되기 전에 핀핀코로리로 사망하거나 빨리 죽고 싶다고 했다. 그래서 VI기(85~89세), VII기(90세 이상)의 연령기는 더 이상 그들의 상상력이 미치지 않는 연령기로 분류되어 미래 이미지는 백지 상태였다. 하지만 80대 참가자들은 VI기, VII기를 사는 자신의 모습이 현재 삶의 연장선상에서 이어지는 것으로 나타났다. "생활 자립도가 떨어지지 않았으면 좋겠다", "현재 상태를 어느 정도 유지", "지금의 상태를 계속 유지할 수 있도록", "모든 일은 긍정적으로", "매일 즐겁게"라는 말과 함께였다.

80세는
인생의 전환점

모두 60세 이상의 고령기에 들어선 사람들인데 초고령기에 대한 미래 이미지가 80세를 기점으로 뚜렷이 나뉘는 이유는 무엇일까.

60~70대에는 아직 체력적인 쇠약이 절실하게 느껴지지 않는만큼 늙어서 몸이 쇠약해지는 초고령기를 맞이하는 것이 두렵다. 이 두려움은 빨리 죽거나 핀핀코로리를 희망하는 마음으로 이어진다. 우에노 지즈코 씨가 말했듯이 '늙음을 마주하고 싶지 않다, 듣고 싶지 않다, 겪고 싶지 않다'는 강박관념이 현재 시점

에서 미래로 이어지는 인생 이미지를 차단하는 것이다.

그러나 80대가 되면 일찍 죽든 핀핀코로리로 죽든 이미 충분히 늙어 쇠약한 나이다. 따라서 편안한 죽음을 희망하더라도 그 바람은 일단 마음속에 묻어두고 남은 세월을 어떻게 살지를 고민해야 한다.

더구나 나날이 떨어지는 체력과 기억력 등 '점점 쇠약해져가는 나'를 체감한다. 그런 상황에서 지금보다 더 쇠약해질 미래에 대한 두려움(=미래 이미지)을 매일 꾸준히 노력하면 어떻게든 쇠약 속도를 떨어뜨릴 수 있다는 형태로 바꾸어간다. 현재를 긍정적으로 사는 일이 삶의 원동력으로 작용하기 시작한다. 이런 방향으로 인식이 바뀌는 인생의 전환점이 바로 80대 초반인 것이다.

구로이 센지 씨는 자신의 책 『나이 듦을 맛보다』에서 "80대는 중요한 분기점에 서 있는 나이다"라고 말한다.

예전에는 환갑이 지나면 고희(70세)나 희수(77세)와 같은 나이가 인생의 분기점으로 중요시되었지만, 우리의 수명이 늘어남에 따라 지금은 80세의 언덕을 넘는 일이 보다 중요한 과제가 되었다.

언제부터인가 고희라든가 희수라든가 하는 장식이 붙은 명칭이 아니라 70세, 80세 같은 있는 그대로의 숫자가 현실적으로 느껴지게 되었다. 그래서 80대에 도달했을 때 사람들은 산수傘壽라는 명칭을 떠올리

지 않고 '어휴' 하고 한숨을 쉬며 그 벌거벗은 숫자를 위로하는 기분을
느낄 것이다.

다음으로 그 사람(*저자 추가 설명 : 80대의 지인)이 슬그머니 내뱉은 말
이 마음속에 절절하게 와닿았다. 목표로 삼았던 80대에 도달하여 안
심하자마자 갑자기 그후의 목표가 사라진 것 같은 허탈감을 느꼈다
는 것이다. 아무 탈 없이 80세가 되는 것이 간절한 소망이었던 만큼
막상 그 일을 실현하고 나니 앞으로 어떻게 살아야 좋을지 목표를 상
실한 듯한 기분에 빠졌는지도 모른다.

— 구로이 센지, 『나이 듦을 맛보다』, 주코신쇼, 2014년, 130쪽

80세가 노인 인생의 분기점이라면 80대 참가자의 미래 이미
지가 70대나 60대인 아랫세대와 다른 이유를 알 수 있을 듯하다.

80세가 되면, 팔팔하게 살다 갑자기 죽거나 빨리 죽고 싶다는
목표가 사라진다. 이 시점에서 새로운 삶의 방식으로 전환하지
못한 채 '무릎이 아프다', '허리가 안 좋다'고 허약해진 신체를 탓
하며 '70세 언덕은 올라도 80세 언덕은 넘기 어렵다', '곧 저승사
자가 찾아오지 않을까' 하고 TV 앞에서 생활하며 쇠약해져가는
사람과 그렇지 않은 사람이 분명하게 나뉜다.

그리고 80세가 넘어서도 활발하게 활동하며 이런 워크숍에
참석하는 사람은 후자의 삶을 선택했을 가능성이 높다. 소수의
인원이라 단언하기는 어렵지만 지금까지 소개한 60~70대 참가

자와 비교해 80대 참가자가 85세 이상의 초고령기를 대하는 모습에서 그런 차이를 발견할 수 있었다.

사회가 요구하는 절차를 따라갈 수 있는가

참가자들의 미래 이미지를 살펴보던 중, 특히 80대 참가자가 작성한 내용 중에 궁금한 부분이 있었다. 그것은 VI기(85~89세), VII기(90세 이상)의 신체 능력 저하는 70대보다 심각한 수준으로 예상하면서도 6명 전원이 '혼자 생활할 능력을 상실했을 때의 구체적인 대안'을 아무도 언급하지 않은 점이다.

분명히 이들은 체력을 유지하기 위해 날마다 노력하며 의욕적으로 미래 이미지를 그리고 있었다. 이런 상태라면 이미 80대가 되었으니 자신의 미래 상황을 조금 더 구체적으로 결정했을지도 모른다. 어쩌면 절차를 밟아 그것을 진행하는 사람도 있고 더욱 자세하게 결정한 내용을 소개할 수도 있었을 것이다.

하지만 그와 관련한 내용을 쓴 사람은 아무도 없었다. 혹시 또 다른 요인 '80세가 넘어 발생하는 일상생활 능력의 저하'와 연관이 있는 것은 아닐까.

워크숍이 끝난 후 80대 참가자 한 사람이 이렇게 말했다.

"자식도 없어 유료 노인복지시설에 입소할 생각이었는데 이제 무리인 것 같아요. 시설의 홍보 자료를 신청해서 중요 사항

설명서를 비교하는 것이 좋다고 하던데, 작은 글씨는 제대로 읽을 수가 없어요. 내용도 나 혼자서는 잘 모르겠고요. 그러다가 귀찮아져서 그냥 됐다고 내던지고 말았습니다. 뭐, 체력만큼은 떨어뜨리지 않도록 노력하고 있습니다만."

확실히 오랜 세월 익숙한 일상 습관, 스스로 하겠다고 결정한 산책이나 정원 손질과 같은 일과는 계속 할 수 있어도, 사회적으로 필요한 행정 절차를 80대가 이해하고 따라가기는 어려울 것이다.

이렇게 생각해보면 워크숍에 참가한 다른 사람들도 쇠약해 쓰러졌을 때를 위한 준비를 어떻게 할지보다 일단 자기가 수행할 수 있는 일과를 중심으로 미래 이미지를 그렸는지도 모른다.

그렇다면 활발하게 살고 있는 사람들도 자녀에게 도움을 받지 않겠다는 것은 돈뿐이고 나머지는 '자녀가 어떻게든 해주겠지', '누군가가 돌봐줄 것이다'라고 생각하며 속수무책으로 살고 있는 셈이 된다.

80대의 70퍼센트는
요양 서비스 이용료를 모른다

《주고쿠 신문》이 활동적인 노인들을 대상으로 실시한 '인생 100세 시대 설문조사'의 흥미로운 결과를 소개하겠다.

이 조사는 노인 학습센터나 강연회 참가자, 신문 구독자 등

1,258명을 대상으로 하여 이루어졌다.

조사 항목 중에 '현재 신체 돌봄을 위한 요양보호사 서비스 요금(자기 부담액)이 30분 이상 1시간 미만일 경우 얼마인지 알고 있습니까?'라는 질문이 있었다.

'모른다'고 응답한 사람의 비율은 60~79세에서 78.6퍼센트, 80세 이상에서는 75.8퍼센트로 나타났다. 연령에 따른 비율의 차이는 거의 없었다(응답자 수 60~79세: 896명, 80세 이상: 219명).

또한 이 조사에서는 '마지막 순간을 맞이하고 싶은 장소는 어디입니까'라는 질문에 '자택'이라고 응답한 사람의 비율과 앞서 소개한 요양보호사 서비스 요금을 알고 있는지에 대한 응답률을 교차 분석한 결과도 발표했다.

분석 결과, 자택에서 마지막 순간을 맞이하고 싶다고 응답한 사람의 비율은 60~79세에서는 47.4퍼센트였고, 그 중 요양보호사 서비스 요금을 모르는 사람의 비율은 80.2퍼센트에 달했다. 그리고 80세 이상 응답자 중 자택에서 마지막 순간을 맞이하고 싶다고 응답한 사람의 비율은 46.1퍼센트였고, 그 중 요양보호사 서비스 요금을 모르는 사람은 72.3퍼센트였다.

60~79세보다 80대가 이런 문제를 더욱 간절히 고민한다면 두 연령대의 차이가 앞의 조사 결과보다는 더 크게 나타났을 것이다. 그러나 여든 살이 넘은 사람들 가운데에서도 마지막 순간까지 집에서 살길 원하면서도 요양보호사 서비스 요금이 얼마

인지 모르는 사람의 비율이 70퍼센트를 넘었다(「인생 100세 시
대 어떻게 완주할 것인가?」,《주고쿠 신문》, 2017년 6월 25일자 조간).
놀랍다고밖에 할 수 없는 현실이다.

이런 조사 결과를 놓고 보면 지금까지 워크숍에 참가한 사람
들의 미래 이미지를 중심으로 설명한 내용은 워크숍 참가자들
뿐 아니라 건강한 노인이라고 불리는 모든 사람에게 폭넓게 나
타나는 경향인지도 모른다.

재가복지 중심의 제도가 추진되는 현 시점에서 이러한 상황
은 몹시 우려해야 할 일이다. 몇 번이나 반복한 말이지만 현재의
노인 인구 가운데에서는 쓰러져도 의지할 가족이 없거나, 가족
이 있어도 기댈 수 없거나, 자녀뿐 아니라 의지할 친척조차 없는
사람들이 계속 늘어나고 있기 때문이다.

그렇다면 나이가 들어 발생하는 쇠약에 대한 준비는 도대체
무엇부터 시작해야 좋을까. 다음 장에서 이에 대해 구체적으로
살펴보자.

5장

노쇠해
쓰러지게
될 때의
위기 대처법

◇◇◇

1 0 0

y e a r s

o l d

건강한 시기와 노쇠한 시기의 차이

가까운 미래에 많은 사람들에게
발생할 위험 요인

앞장에서 살펴본 것처럼 후생노동성에서 조사한 내용에 의하면 노인이 '내가 살 수 있다고 생각하는 나이'는 여성은 78.79세, 남성은 80.73세인 것으로 밝혀졌다. 많은 수의 일본 노인이 자신의 수명을 80세 전후로 생각하는 듯하다.

그러나 실상은 앞으로 고령화가 계속 심화되어 80대 이상 인구가 더욱 급격히 늘어날 것으로 예상된다.

2000년 80세 이상의 인구는 486만 명으로 총인구에서 차지하는 비율은 3.8퍼센트였다. 2015년에는 997만 명으로 늘어나 총인구 대비 비율은 7.8퍼센트로 두 배가 되었다. 하지만 단카이 세대가 80대 중반이 되는 2035년에는 무려 1,629만 명으로

증가해 총인구 대비 비율이 14.1퍼센트로 크게 늘어날 것으로
예상된다(표 3 참조).

　그 가운데 특히 주목해야 할 부분이 노인 단독 세대의 증가다.
'65세 이상 단독 세대의 성별·연령별 구성'을 살펴보면, 2017년
에 이미 80~84세의 여성이 21.0퍼센트, 남성이 12.5퍼센트로
단독 세대 중에서 80세 이상이 차지하는 비율이 아주 높았다.
85세 이상에서도 여성 20.0퍼센트, 남성 12.2퍼센트로 높은 비

표3) 노인 인구 및 비율 추이

연도	총인구 (만 명)	노인 인구(만 명)				총인구 대비 비율(%)			
		65세 이상	70세 이상	75세 이상	80세 이상	65세 이상	70세 이상	75세 이상	80세 이상
1950년	8320	411	234	106	37	4.9	2.8	1.3	0.4
1975년	11194	887	542	284	120	7.9	4.8	2.5	1.1
2000년	12693	2204	1492	901	486	17.4	11.8	7.1	3.8
2015년	12709	3387	2411	1632	997	26.6	19.0	12.8	7.8
2035년	11522	3782	2971	2260	1629	32.8	25.8	19.6	14.1

주 1950년은 오키나와 현을 포함하지 않음
출처 2017년 통계 토픽스, No.103(총무성 통계국)

율을 차지하고 있다(그림 5 참조). 특히 이러한 경향은 여성 쪽에
서 두드러지게 나타났다.

  85세 이상 인구의 증가와 가족의 기반이 점점 더 취약해지는
사회 변화 그리고 앞에서 살펴본 현대 노인들의 삶을 모두 고려
할 때, 가까운 미래에 많은 노인들이 마주하게 될 위기 상황은
과연 무엇일까.

  건강할 때 미리 준비하지 않고, '설령 쓰러지게 된다 해도 어

그림 5) 65세 이상 단독 세대의 성별·연령별 구성

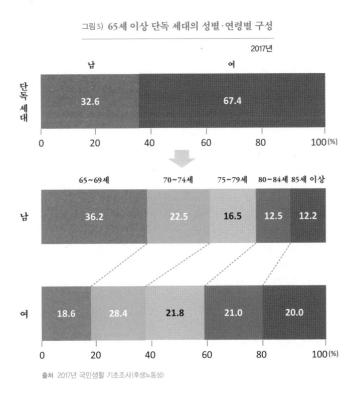

출처 2017년 국민생활 기초조사(후생노동성)

떻게든 되겠지', '누군가가 돌봐주겠지'라고 방관하기만 하면 어떻게 될까. 아무런 대책 없이 살다가 쓰러지게 되면, 쓰러지기 전과 후 생활의 엄청난 차이에 당황할 수밖에 없다. 의지할 데도 없이 어쩔 줄 모르다가 건강을 더욱 악화시켜 더 큰 어려움에 빠지는 사람이 많을 것이다.

3장에 등장했던 여성 세 명이 대표적인 예다. 그녀들은 80대 전반까지는 건강하게 보냈지만 몸이 쇠약해져 쓰러진 후 80대 후반부터 90대에 이르기까지 급격한 생활의 변화를 겪었다. 같이 사는 아들 가족이 돌봐줄 거라고 믿었는데 거부당한 O씨(95세), 고향으로 돌아와 함께 살리라 기다렸던 아들이 죽고 예상치 못했던 인생을 맞이하게 된 P씨(98세), 혼자 살다 치매로 생활이 붕괴된 R씨(95세). 이들을 궁지로 몰아넣었던 여건은 전혀 개선되지 않았고, 최근 십여 년간의 가족 변화와 수시로 바뀌는 의료·요양 제도 또한 노인들의 어려움을 더욱 가중시키고 있다.

노년기의 입원—
준비하지 않으면 병원 가는 것도 힘들다

2017년 갑자기 몸에 이상이 생겨 급성기 병동의 다인실에 2주 간 입원했던 적이 있다.

병실은 4인실이었다. 입원과 퇴원으로 사람들이 바뀌긴 했지만 병실을 같이 쓴 사람들은 나를 제외하고 모두 80대 중반이었다. 혼자 사는 사람, 부부 둘이서 사는 사람, 독신 아들과 함께 사는 사람, 딸 가족과 2세대 주택에서 사는 사람. 마치 현대 노인 가족의 축소판 같았다.

"여든 살이 넘으면 의사가 하는 말은 반밖에 못 알아들어. 하지만 나는 딸이 항상 따라와서 뭐든지 착착 처리해주지. 나는 딸이 있어서 안심이야. 모든 걸 딸한테 맡기면 되니까."

이 말을 한 사람은 딸 가족과 함께 사는 여성이었는데, 그녀만 빼고는 모두 갑작스러운 입원으로 허둥대며 혼란스러워했다. 너무 당황해 공황 상태에 빠진 사람까지 있었다.

부부 둘이서 생활하던 사람은 남편이 "개호보험증은 어디에 있나, 불단 아랜가? 서랍 속인가? 약 수첩이라는 것을 가지고 있나? 어디에 있나?" 하며 집과 병원을 몇 번이나 오갔다. 아내인 환자 본인 또한 "주치의 선생님은 있습니까?"라는 질문에 "주치의라는 게 제가 다니는 병원을 말하는 거지요? 몇 군데 있어요"라고 엉뚱한 대답을 해서, 간호사가 주치의가 뭔지를 설명해줘야 했다.

퇴원 안내를 맡은 간호부장에게 2~3일 후에 퇴원하라는 소리를 듣고 심각한 공황 상태에 빠진 독거 여성도 있었다.

그녀는 "내가 혼자 생활할 수 있다는 판단이 들 때 퇴원하게 해줘요. 지금은 혼자서 살 자신이 없으니 되도록 오래 입원했으면 합니다"라고 부탁했지만, 간호부장은 이렇게 대답했다.

"안타깝지만 원하시는 대로 해드리기는 어려울 것 같습니다. 어르신께서는 지금까지 열심히 노력해서 잘 지내오셨기 때문에 원래의 건강한 모습으로 돌아갈 수 있다고 생각하시는 것 같은데, 예전의 몸 상태와 퇴원한 후의 몸 상태는 차이가 클 거예요. 게다가 어르신이 자택으로 돌아가 생활할 수 있다고 생각하는 기준과 병원에서 퇴원할 수 있다고 판단하는 기준도 다르고요.

지금은 예전처럼 2~3개월씩 입원해 있는 건 불가능하고 길어봤자 2주 정도입니다. 가능하면 다음 주 초라도 퇴원하셔서 댁 가까운 곳의 의사 선생님을 만나보시고 요양보호사를 부르는 방향으로 진행하세요."

간호부장에게 그 말을 들은 날 밤, 불안해서 잠을 이루지 못한 그녀는 한밤중에 몇 차례나 간호사 호출 벨을 눌러댔다. 그러고는 "심장이 이상하니 심전도를 찍어줘. 심장에 이상이 있는 게 분명해. 제대로 검사 좀 해줘"라고 요구했다. 다음 날 아침식사도 "심장이 이상해서 먹을 수 없다"며 고스란히 남겼다.

다인실이라 어쩔 수 없이 마주하게 된 이러한 광경을 가까이에서 지켜보며 이들이 만약 쓰러졌을 때를 대비해 부부 간에 의료보험증이나 개호보험증, 약 수첩의 보관 장소나 상대방의 건강 정보를 공유했다면, 평소에 최근의 의료 정보(주치의를 결정해둘 필요성이나 급성기 병동에는 최대 2주밖에 입원할 수 없다는 정보)를 세심하게 수집했다면 이런 혼란과 충격은 없었을 것이라고 생각했다.

스스로 생활할 수 없을 때
누구에게 의지할 것인가

'자녀가 부모를 돌보는 것은 당연하다'는 의식이 남아 있었던 90대 이상과 비교해 지금의 80대 노인들이 자녀들의 도움은 필요 없다거나 받지 않겠다고 생각하는 것과 마찬가지로, 자녀 세대 역시 부모를 돌보겠다는 의식이 희박해졌다.

이런 변화 속에서 사실은 자녀에게 의지하고 싶지만, 자기가 먼저 말을 꺼내지 못해 쇠약해 쓰러지면 어떻게 될지, 무엇을 준비해야 좋을지 전전긍긍하며 괴로운 나날을 보내는 사람도 있다. 그리고 의지하고 싶은 마음을 뒤틀린 형태로 표현해 자녀와의 관계를 악화시키거나 원치 않은 상황에 처하게 되는 이들도 있다.

전자의 사례로 83세 남성이 무거운 어조로 내뱉은 이야기를 들어보자.

"아내는 내 수발을 받다가 몇 년 전에 세상을 떠났습니다. 그러니 이제 내 수발을 들어줄 사람은 며느리밖에 없어요. 그래서 며느리 생각을 물어보고 싶은데 물어볼 수가 있어야 말이죠. 나는 어떻게 될까, 시설에 들어가야 하는 걸까. 하지만 시설은 돈도 꽤 많이 든다고 하던데 그런 돈도 없고. 이런저런 생각을 하면 밤에 잠이 안 와요."

후자의 사례로는 어느 노인이 자기 친구 일이라며 전해준 어머니와 자녀의 일화를 소개해보겠다.

"딸 하나, 아들 하나를 둔 83세의 친구가 있는데 아들한테 '이제 슬슬 어디 시설에 들어가야 할까'라고 주뼛주뼛 물어보니 '상태가 안 좋아지면 그때 가서 찾으면 되지'라고 가볍게 대답하더래요. 하지만 같은 말을 딸에게 하니 딸은 제대로 대답을 하지 않았대요.

그래서 딸을 시험해보기로 한 거예요. 요양시설의 입소 신청서를 받아서 '이 시설에 들어가야겠다'고 딸한테 말했대요. 그러자 딸이 서슴없이 보증인 서명을 해주더라지 뭐예요. 절대로 안 된다고 만류해주길 바란 엄마 마음은 알지도 못하고 말이에요. '엄마, 그만둬요. 나도 있고 동생도 있으니 우리가 알아서 모실게요.' 그렇게 말해주길 바랐는데, 그러지 않았던 거죠.

그래서 정말로 시설에 입소 신청서를 냈대요. 그런데 처음에는 만실이라 들어가지 못했는데 드디어 '자리가 생겼습니다. 입소하십시오'라는 연락이 왔답니다. 하지만 사실 그 시설에 들어가고 싶은 마음은 눈곱만큼도 없죠. 그저 딸을 시험해보고 싶었을 뿐이니까요. 자식들의 도움은 필요 없다, 도움을 받지 않겠다고 말했지만 사실은 기대고 싶은 마음이 컸던 거예요."

이 여성은 딸을 시험해보려다가 시설에 입소해야 하는 처지가 되었다. 이런 상황까지는 아니더라도 많은 노인들이 "함께 사는 것은 자유가 없고 눈치도 봐야 해서 싫다"고 말하면서도 자신을 자주 찾지 않는 자녀들을 향해 "부모는 잊어버린 게지. 전화 한 통 안 해. 가까이 오려고도 하지 않아"라고 한숨 섞인 원망을 늘어놓는다. 자녀들에게 도와달라거나 부탁한다는 의사를 미리 전하지도 않은 채로, 자녀들이 그들을 도와야 하는 상황을 만들고 있다. 그러면 그럴수록 부모와 자녀 관계는 더욱 틀어지게 된다.

그렇다면 지금의 70~80대 부부나 혼자 사는 노인에게 가장 절실한 준비는 무엇일까. 3장에서도 잠깐 언급했던 다음과 같은 것들이다.

- 만약 혼자 있을 때 쓰러지면 자신을 발견할 사람은 누구인가
- 발견하면 누구에게 연락하라고 할 것인가
- 응급 치료를 받고 퇴원한 후 허약해진 상태로 혼자서(또는 부부 둘이서) 어떻게 생활할 것인가
- 그때 누가 자신을 보살피고 도와줄 것인가
- 자신의 힘으로 생활할 수 없게 되면 어디에서 누구와 살고 싶은가
- 시설에 입소하기를 원한다면 어떤 시설이 좋은가
- 현재의 의료나 요양 제도는 어떠한가

이런 것들을 미리 고민하거나 정보를 수집해두어야 한다. 자

칫 몸이 쇠약해져 쓰러질 수도 있는 위험한 시기에 필요한 구
체적인 방안이나 정보 수집을 누군가에게 통째로 맡겨서는 안
된다.

철저하게 쇠약 준비를 한 사례 1

언니와 조카 부부가
가까이에서 지원하는 X씨

[X씨 프로필]

1938년에 태어난 80세의 혼자 사는 여성으로, 연금을 받을 권리가 생기는 50대 중반까지는 금융기관에서 근무했다. 차로 10분 정도의 거리에 언니(85세)와 함께 사는 조카 부부가 있다. 조카딸 부부도 가까이에 산다.

노쇠하여 쓰러지게 될 때를 "아직 생각하지 않는다", "어떻게든 되겠지", "누군가가 도와주겠지"라고 말하는 사람이 대부분인 가운데 나로 하여금 '와아! 대단하다. 쇠약 준비, 죽음 준비란 젊을 때부터 이런 방식으로 하는 것이구나' 하고 감탄하게 한 여성 두 분이 있다.

평생 독신으로 살아온 80세의 X씨, 91세의 Y씨다.

X씨는 "저는 결혼하지 않겠다고 결심한 순간부터 노후를 준비했어요. 젊을 때부터 늙어서 몸이 쇠약해지면 어떻게 할지를 고민하며 살아왔죠"라고 말했고, Y씨도 "전 혼자니까 아주 젊을 때부터 나중에 쓰러지면 누구의 도움을 받아야 하나를 고민했습니다. 본격적으로 대처법을 찾기 시작한 건 어머니가 돌아가신 48세부터고요"라고 말했다.

하지만 근처에 언니와 조카들이 살아서 그들의 도움을 받을 수 있는 X씨와 친족의 도움을 받지 못하는 Y씨의 쇠약 준비, 죽음 준비는 크게 달랐다.

먼저 언니(85세), 조카(62세), 조카딸(65세)이 10분 정도의 거리에 살고 있고 그들과 사이도 좋은 X씨가 쇠약 준비와 죽음 준비를 어떻게 해왔는지부터 살펴보자.

혼자 사는 노인의 쇠약 준비에서 가장 중요한 것이 혼자서 생활할 수 없게 되면 어디서 누구와 살지, 그리고 갑자기 쓰러지면 누가 발견해줄지에 관한 문제다. X씨는 지금 사는 집에서 48년간 지내왔는데, 현재의 집을 선택한 33세 때 이미 그 점을 고려하여 집을 결정했다고 한다.

X : 서른세 살 때부터 지금 사는 임대주택에서 48년 동안 살고 있어요. 집을 임대해서 사는 이유는 내 집을 소유하고 있으면 나중에

처분해야 하기 때문이에요. 하지만 따로 집주인이 있으면 일처리
가 간편해지죠. 그리고 만일 쓰러지기라도 하면 절 가장 먼저 발견
해줄 사람이 있어야 한다는 생각에 이 집을 선택하게 됐어요. 철근
으로 지어진 집의 1층의 절반을 제가 쓰고 집주인은 2층에 사는데,
집주인이 가까이에 살면 무슨 일이 생겼을 때 바로 도움을 청할 수
있잖아요.

뿐만 아니라 X씨는 현재의 주거지와는 별개로 요양돌봄이 필
요해지는 미래에 대비해 어느 시설의 방 하나를 이용할 수 있는
종신 이용권도 53세에 사두었었다.

X : 53세에 노후를 위해 마련한 것은 병원이 2층에 있어 "나이 들
어 병이 생기면 2층 병원에 바로 입원 가능"이라는 광고 문구가 붙
어 있었던 건물의 1층 방이었습니다. 나이가 들면 마지막 주거지
로 삼으려고 장만했죠. 종신 이용권이었으니까요. 그런데 그 이용
권을 산 뒤 10년이 지나 병원이 철수하고 시설의 성격이 완전히 바
뀌어 20년 후인 73세 때 도로 팔았습니다.

또 X씨는 60대에 복지 관련 학습 모임에 참여하며 수많은 요
양시설을 견학했다.
그러다가 다음과 같은 결론에 도달해 한때는 요양시설을 찾

는 것을 중단했었지만, 80대가 가까워진 78세부터는 다시 적극
적으로 입소하고 싶은 시설을 찾고 있다. 그 작업은 지금도 여전
히 진행 중이라고 한다.

X : 특별양호노인홈에 견학을 갔을 때예요. 거기 입소해 계시던 분
이 "내가 이 시설에서 나가는 날은 죽은 후"라는 말씀을 하셨어요.
그 말을 들으니 노인 요양시설은 종신형을 선고받았다고 생각하고
들어가는 곳이라는 느낌이 들더군요. 그래서 한동안 시설 찾는 일
을 중단했었어요.
하지만 지금은 절박한 상황이 되었죠. 건망증이 심해졌거든요. 여
든 살까지 살아보니 이것만으로도 감지덕지라는 기분도 들고 이제
요양시설에 들어갈까 하는 생각도 들어요. 78세 때 서비스 제공 노
인주택을 견학하며 시설에 관한 설명을 듣는데, 말 한 마디 한 마
디가 가슴에 절절히 와닿더라고요. 예전엔 오른쪽 귀로 들어가서
왼쪽 귀로 빠져나가던 설명을 이제는 제대로 이해하고 공감하며
들을 수 있었습니다.

한창 젊을 때인 서른세 살부터 만약 쓰러지면 누가 발견해줄
지 그리고 노쇠해서 움직일 수 없는 시기가 오면 어디서 지낼지
를 고민하고, 그때마다 가능한 범위의 일을 선택해서 행동으로
옮겨온 X씨. 그녀가 살아온 방식을 들으니, 내가 얼마나 대충 얼

버무리고 타협하며 살고 있는지를 알 수 있었다. 그래서 "그렇게 철두철미하게 고민하며 살아오셨군요!"라고 연신 감탄할 수밖에 없었다.

죽음 준비도
완벽하게

X씨는 죽음 준비도 철저하게 해둔 터라 그에 대한 이야기를 들으면서 몇 번이나 반복해서 감탄했다.

X씨가 작성한 죽음 준비 기록을 자세히 살펴보자.

- 63세. 300만 엔이 들어 있는 예금 통장과 카드를 언니에게 맡김. 등산 등의 활동을 하는 내가 길에서 쓰러지거나 불의의 사고를 당하게 되면 사용할 돈임.
- 75세. 나에 대한 주요 사항들을 기록해둠. 앞의 통장은 언니로부터 찾아 조카에게 맡김. 나이가 많은 언니를 대신하여 조카를 주요 책임자로 변경.
- 75세. 장례식장 예약. 장례비 24만 엔. 조카 부부와 언니 그리고 내가 사전답사한 후 계약.
- 78세. 사후 처리, 장례식, 집 정리, 모든 행정 신고는 조카가 책임지고 처리하기로 약속. 통장 관련 메모 등 주요 물품 보관 장소를 조카에게 알려줌. 존엄사 선언서를 조카에게 보여

줌. 또한 만일의 사태를 대비해 집 열쇠도 조카에게 맡김.

- 80세. 집안의 묘지 처분. 선조들의 뼈는 언니 시댁의 집안 묘
지로 옮기고, 묘지 처분에 대한 나머지 일들은 조카에게 부
탁함. 이와 더불어 조카가 현재 사는 집의 필요 없는 물건과
쓰레기를 버려줌. 비용은 100만 엔 들었음.
- 이 외에 백내장 등 질병에 걸려 입원해서 수술했을 때는 언니
와 두 조카가 보증인이 되어줌. 보증인으로서 수술 전에 의
료진의 설명을 들어주고 문병도 와줌. 그때마다 돈을 지급함.

X씨는 이런 식으로 죽음 준비를 해왔고 80세인 올해, 집안 묘
지를 처분하면서 그 준비가 일단락됐다고 생각했다. X씨는 현
재의 심경을 이렇게 밝혔다.

X : 집안의 묘지를 처분하고 나니 어깨의 짐이 가벼워졌어요. 내가
죽으면 사망 신고, 연금 해지, 공공요금 해약과 집 정리 같은 것들
까지 다 해달라고 조카에게 부탁했더니, 자기가 책임지겠다고 조
카가 분명하게 말해줬어요. 서면으로 한 약속은 아니고 말로 한 약
속이기는 해도. 이런 것들을 하나하나 다 처리하지 않으면 죽어도
제대로 죽는 게 아닐 텐데 이젠 다 해결됐습니다. 보증인이 필요하
면 그 역할도 조카가 해줄 거라고 믿고 있어요. 존엄사는 서류로
남겨두어서 나중에 의식이 없어져도 의사가 조카에게 물어보면 바

로 처리할 수 있도록 대비해두었고요. 이제 남은 건 요양돌봄이나 간호를 해줄 사람인데 그건 따로 생각해봐야 할 것 같아요. 그래서 지금은 내가 들어갈 만한 시설을 보러 다니고 있어요. 먼저 견학을 해보고 결정하려고요.

X씨의 이야기를 들으며 내가 '정말 대단하다'고 느낀 점이 몇 가지 있다.

우선, 쓰러지게 되는 상황을 떠올리는 것은 우울한 일이라며 생각하길 회피하는 사람들이 많은 반면 X씨는 밝고 의욕적으로 준비하고 있었다. 시설을 찾는 일도 스스로 정보를 수집하고 "뭐든지 내가 직접 해야 하기 때문"이라며 혼자서 견학을 다닌다. 이 연령대의 여성으로서는 보기 드문 경우다.

또한 조카에게 중요한 사항들을 부탁했는데 반드시 언니와 조카 부부 세 명이 모두 한자리에 모일 때 이야기를 나눈다고 했다.

X : 그런 이야기는 반드시 언니와 조카 부부가 다 모였을 때 해요. 세 사람 모두 동의해주어야 하니까요. 그래야 무슨 일이 생겨도 잡음이 일어나지 않죠. 장례도 저까지 넷이서 함께 장례 회사에 찾아가 선금을 내고 계약하고 왔습니다.

그리고 X씨는 언니와 조카 부부가 이렇게 일을 도와줄 때마다 꼭 금전적인 보상을 했다. 항상 "고마워"라고 감사의 뜻을 먼저 전한 후, 왜 이런 금액을 지급하는지 이유를 설명하고 돈을 건넨다고 했다.

　얼핏 별것 아닌 것처럼 보일지 모르지만, '이런 일이야 가까운 친족이면 당연히 해줘야 한다'고 생각하는 사람에게는 의외로 어려운 일인지도 모른다는 생각이 들었다.

철저하게 쇠약 준비를 한 사례 2

친족이 멀리 있어 혼자 인생의
마지막 언덕을 오르는 Y씨

[Y씨 프로필]

1926년에 태어난 91세의 여성으로 다섯 자매 중 막내다. 어머니가 막내인 Y씨에게 노후 뒷바라지를 부탁해서 어머니와 함께 살았다. 치매에 걸린 어머니를 10년간 돌봤으며 어머니가 돌아가신 후에는 남겨진 유산으로 혼자 생활해왔다.

X씨에게는 죽음 준비나 쇠약 준비를 도와줄 조카들과 언니 등 가까운 친족이 있었다. 그리고 X씨는 아직 80세였다. 앞으로 자기가 입소할 시설을 직접 견학할 만큼 팔다리도 튼튼했다.

하지만 다섯 자매 중 막내인 Y씨는 살아있는 언니 두 명(96세, 93세)도 이미 요양시설에 입소했고 조카들도 멀리 다른 지방에 살고 있어 의지할 만한 친족이 없다. 또 X씨보다 열 살이나 많은 Y씨는 변형성 고관절증을 앓고 있는데 통증이 심해 걷기가 불편한 상태였다.

그렇지만 Y씨는 혼자서 고립된 생활을 하지는 않았다. 편지나 전화로 꾸준히 관계를 유지해온 '타인'과의 유대관계 속에서 '앞으로도 계속 집에서 살고 싶다'고 소망하며 평온한 나날을 보내고 있었다.

이런 생활을 유지할 수 있었던 것은 Y씨가 젊을 때부터 고민하고 습관처럼 실천해온 쇠약 준비와 89세 때 이웃 지역의 민생위원이 혼자 사는 Y씨의 미래 불안을 알아차리고 소개한 비영리법인과의 만남 때문이다. 노인 권리 옹호나 성년후견을 지원하는 비영리법인과의 인연을 통해 전문 지원인(사회복지사)과 관계를 맺고 제도적으로도 지원받은 덕분에 Y씨는 마음을 푹 놓고 생활할 수 있게 되었다.

Y씨 생활의 여러 특징(가까이에 의지할 만한 자녀나 조카가 없이 혼자 사는 노인이라는 점, 쇠약 준비와 죽음 준비를 일찍부터 시작한 점, 전문 지원인과의 관계를 통해 마지막 시기의 안전과 안심감을 확보한 점)들을 살펴보는 것은 독거노인들에게 큰 도움이 될 것이다.

주거 환경과
쇠약 준비

Y씨는 70대부터 일상생활의 여러 방면에서 쇠약과 죽음 준비를 시작했다.

그 준비 중 하나는 혼자 사는 자신이 스스로 생활할 수 없게 되면 입소할 요양시설을 찾는 일이었다. 그리고 돌아가신 어머니가 부탁한 집안 묘지 처분과 조상들의 영구 공양을 절에 맡기는 일, 자기가 죽은 후에 재산이 남으면 증여할 곳을 명시한 유언장을 미리 써두는 일도 있었다. 또 무엇보다 중요한 것은 쓰러져 판단력을 잃었을 때 보증인이 되어줄 사람을 찾는 것이었다.

이런 준비를 하는 동안 Y씨는 초고령기를 보낼 마지막 거처를 어디로 정할지에 대해 생각이 조금씩 바뀌었다고 한다.

60대에는 자기 명의의 아파트를 장만하고 싶었다. 70대가 되어서는 좋은 환경의 노인 요양시설을 찾아보자고 마음먹었다. 그러나 여든이 넘은 후부터 지금까지는 '마지막 순간을 맞을 때까지 지금 사는 곳에서 재가 서비스를 받으며 살고 싶다'고 생각하고 있다.

필자 : 이야기를 들어보니 70대부터 여기저기 관공서에 다니셨다고 하던데 무슨 일 때문이세요?

Y : 혼자 사니까 마지막을 위한 준비를 해둔 거죠. 70대에는 유언

장을 쓰는 설명회에 참석하거나 관련된 책들을 보고 공증인 사무소 같은 곳도 찾아다녔습니다. 그때는 체력도 좋았으니까 주거 환경이 좋은 시설을 찾고 싶어서 여기저기 견학도 많이 다녔죠. 그 전까지는 돈을 모아 아파트를 장만하고 싶다고 생각했었는데, 70대가 되니 '앞으로 살 날이 10년 정도밖에 안 될 텐데 아파트가 무슨 필요가 있나' 싶더라고요.

필자 : 80세쯤 되면 돌아가실 거라고 예상하셨나요?

Y : 그렇죠. 그래서 좋은 시설을 찾아야겠다고 마음먹었던 거예요.

X씨와 마찬가지로 Y씨도 시설 견학을 위해 스스로 정보를 모으고 혼자서 찾아다녔다. 시설들의 이용 비용을 꼼꼼히 비교해보는 것도 빼놓지 않았다. 하지만 결과적으로 70대 말 즈음에 시설에는 들어가지 않겠다고 결정했다. Y씨는 그 이유를 다음과 같이 설명했다.

필자 : 요양시설은 혼자서 견학하셨나요?

Y : 네. 집에 광고지가 오면 그걸 보고 혼자서 견학하러 다녔어요. 견학을 통해 시설들마다 분위기도 다르고 이용자들도 차이가 있다는 점을 알게 됐으니 잘한 일이죠.

어떤 시설에 방문했을 때인데요. 점심을 같이 먹자기에 식당으로 갔더니 반짝반짝한 액세서리로 치장한 서너 명의 여성 그룹과 솜을 넣은 빨간 조끼를 입은 할머니 그룹이 한곳에서 밥을 먹고 있더 군요. 그 모습을 보니 '나는 여기 들어오면 빨간 조끼를 입은 할머 니 그룹으로 가겠구나' 하는 생각이 들었어요. 식사시간뿐이라고 는 해도 내가 과연 같이 밥을 먹는 그룹 사람들에 맞춰서 따라갈 수 있을지 자신이 없었어요. 온천도 있고 개인실을 쓸 수 있다는 다른 여러 조건은 마음에 들었지만요.

필자 : 그런데 그후 더 이상 시설 견학을 다니시지 않게 된 이유는 뭔가요?

Y : 여든 살이 넘으니 그렇게 다니는 것도 힘에 부치더군요. 역시 혼자 사는 게 편하다는 생각도 들었고요.

이런 준비를 하며 아파트 3층에서 혼자 살던 Y씨는 85세 때 같 은 아파트 3층에서 1층으로 거처를 옮겼다. 외출했다가 넘어져 골절상을 당했는데 택시를 타고 병원에 다니는 것이 너무 힘들었 기 때문이다. 그 이야기를 들으며 내가 주목한 점은 다음과 같다.

필자 : 만약 다치시지 않았다면 3층에서 1층으로 이사하실 생각은 안 하셨을까요?

Y : 그렇죠. 병원 다니기가 너무 힘들어서 1층으로 옮긴 거니까요. 몸이 낫기를 기다렸다가 바로 이사를 했습니다.

필자 : 어려운 상황이나 사건이 생기고 나서야 이사할 필요성 같은

걸 깨닫게 되는 걸까요?

Y : 그러게요. 아무튼 저는 그랬습니다.

 현명하고 신중하게 모든 것을 철저히 준비하는 Y씨조차 이런
상황이니, 준비의 필요를 별로 느끼지 못하는 사람은 어떤 문제
가 생기기 전에 미리 준비를 하는 것이 얼마나 어려울지 새삼 깨
달을 수 있었다.

 Y씨는 주거 환경을 중심으로 한 쇠약 준비는 물론 죽음 준비
의 마지막 준비까지 마무리했다. Y씨는 85세 때, 돌아가신 아버
지의 묘지가 있어 오랫동안 교류해온 보다이지菩提寺의 주지 스
님에게 자필 유언장을 보내고 주지 스님에게 입원할 때를 비롯
해 필요한 경우 자신의 신원보증인이 되어줄 것을 부탁했다.

 필자 : 신원보증인은 정해두셨나요? 수술할 때 등 위급 상황에 보
증인이 필요할 텐데요.

Y : 스님이 제 신원보증인이에요. 1931년에 아버지가 돌아가신 후
부터 계속 다니고 있는 절이 있거든요. 하지만 제가 죽으면 뒤를
이어줄 사람이 없어요. 그래서 제가 죽은 후에도 영구 공양을 받을
수 있도록 제 재산 전부와 유언장을 남겼습니다.

입원 준비는
세심하게

70대부터 스스로 고민하고 결정해서 인생 마무리 준비를 해 온 Y씨의 모습을 보며 몇 번이나 '대단하다'고 느꼈다. 특히 Y씨가 변형성 고관절증 수술로 2개월간 입원하기 전에 어떻게 대처했는지 듣고는 '정말 철저하다. 어떻게 이렇게까지 준비할 수 있었을까!' 하고 감탄했다.

Y씨는 오랜 기간 변형성 고관절증으로 인한 통증에 시달렸지만 두려워서 수술을 망설였다. 그러다 비영리조직 전문 지원인의 강력한 권유로 수술을 결심했다고 한다.

필자 : 입원 전엔 어떤 준비를 하셨어요?

Y : 준비할 게 정말 많아 힘들었어요. 나는 혼자 사니까요. 신문 배달을 중지시키고 정기적으로 배송되던 약과 화장품도 전화를 걸어 중단시켰죠. 업체들의 전화번호는 전부터 휴대전화에 입력되어 있었기 때문에 연락하는 건 어렵지 않았어요. 그리고 침구 정리를 하고 빨래도 전부 해놓았어요.

입원할 때는 따뜻한 시기였지만 퇴원할 무렵이면 날씨가 추워질 것 같아서요. 입원하기 전에 다시 집으로 돌아올 시기를 고려해서 미리 침구를 정리해두었죠. 수술 직후에는 무거운 것을 못 들지도 모르니까 침실로 두꺼운 이불을 옮겨놓았고요.

또 퇴원할 때 입을 옷이나 신발 같은 것도 모두 입원하기 전에 준비했어요. 그리고 퇴원한 날에 쉽게 밥을 챙겨 먹을 수 있도록 음식은 전부 냉동시켜놓았습니다. 나는 혼자 사니까요.

이 외에도 Y씨가 한 일이 있다. 평소 베란다의 화분에 꽃을 키우는 걸 무척 좋아했던 Y씨는 자신이 입원해 있는 동안 꽃에 물을 줄 사람을 찾아 부탁해두었고, 집주인에게도 입원 사실을 미리 알렸다.

필자 : 입원해 계시는 동안 배달될지도 모르는 우편물 처리나 문단속 등은 어떻게 하셨어요?

Y : 우편물을 간수하고 화분에 물을 줄 사람을 찾아, 그 사람에게 수고비를 주고 부탁해놓았어요. 그래서 그 사람에게 집 열쇠를 맡겼다는 사실은 입원 계획과 함께 집주인에게 말했고요.

"와, 그렇게 일일이 다 준비해놓고 입원하신 거예요?"라고 내가 감탄하자 Y씨는 "나는 혼자 사니까요"라고 대답했다. Y씨는 이야기 도중에 몇 번이나 "나는 혼자 사니까요"라고 말했다.

Y씨는 입원 준비뿐 아니라 병원 진찰을 위한 준비도 철저히 했다. 물론 평소 필요한 건강 관리와 위기 대응을 위한 준비도 절반은 일상생활 속에서 습관화된 형태로 이루어지고 있었다.

혈압과 체중, 맥박을 매일 측정하고, 약 수첩과 건강보험증, 개호보험증은 가방 하나에 넣어서 들고 다니기 편하고 의료진에게도 바로 보여줄 수 있도록 정리해두었다. 입원에 필요한 물품도 따로 가방에 넣어 보관해두었다.

90대가 되어
자택 생활의 편안함을 깨닫다

Y씨는 혼자 방 안에서 쓰러지게 될 경우를 대비해 방의 잠금장치에도 신경을 썼다.

필자 : 평소 문은 늘 잠그시나요?

Y : 항상 잠그죠.

필자 : 문이 잠겨 있을 때 실내에서 위급한 일이 발생하면 어떻게 하실 거예요?

Y : 그건 집주인과 의논해서 방법을 마련해놓았어요. 위기 상황이 되면 밖에서 유리창을 깨기로요. 1층으로 옮긴 이유 중 하나가 그것 때문이기도 해요.

그런 상황까지 예상하고 1층으로 이사한 거라니, 혀를 내두를 수밖에 없었다.

내가 Y씨의 집을 방문해 이야기를 들은 것은 그녀가 퇴원한

지 얼마 되지 않았을 때였다. Y씨는 일주일에 한 번씩 집으로 방문하는 요양보호사의 도움을 받으며 별다른 어려움 없이 일상생활을 하고 있다고 했다. 다만 가장 힘든 일은 낙상 예방을 위해 밤에만 사용하는 휴대용 변기의 뒤처리였다.

필자 : 수술 후 퇴원하셔서 생활하시면서 가장 힘든 일은 뭐예요?

Y : 한 손으로는 지팡이를 짚고, 오줌이 담긴 휴대용 변기를 비우는 게 제일 힘들어요. 그다지 무겁지는 않지만 매일 해야 하는 일이잖아요? 아침에 일어나 침대의 침구를 정리하기 전에 하는 일인데, 다른 사람한테 부탁할 수 없으니까요. 요양보호사는 "제가 할 일이에요"라고 말하지만, 나중에 병들어 눕게 되면 어쩔 수 없어도 아직은 그것까지 부탁하고 싶진 않아요. 또 요양보호사가 오는 게 일주일에 한 번뿐이라 그때까지 치우지 않고 놔둘 수도 없고요.

그러나 수술 전에 걱정했던 수술 후의 생활이 조금 힘들긴 해도 얼마든지 가능하다는 사실을 실제로 체험한 Y씨는 '가능하면 이 방에서 앞으로도 계속 살고 싶다'는 희망을 드러냈다.

70대에는 요양시설에 들어갈 수밖에 없을 거라고 생각해서 시설 찾기에 열심히 매달렸던 Y씨지만, 아흔 살이 넘은 지금은 오래 살아 익숙한 집에서 계속 살고 싶다는 현실적인 희망을 품게 된 것이다.

가족이 있는 노인의
의존 기대감으로 인한 문제

평생 혼자 살며 비교적 젊은 시기부터 쇠약 준비와 죽음 준비 등 인생의 마무리 준비를 해온 X씨, Y씨는 결혼해서 가족을 꾸린 같은 세대의 여성들이 남편을 잃고 혼자 사는 모습을 보며 어떤 생각을 할까.

X : 지인들 중 남편을 먼저 보내고 자녀와 함께 사는 사람이 있어요. 자녀에게 도움은 받지 않겠다거나 자기 일은 스스로 알아서 해야 한다고 말은 하죠. 특히 나중에 돌봐달라고 부탁해야 한다는 사실을 힘들어하면서도 스스로 시설을 찾을 생각은 전혀 없고 찾을 지혜도 없어요. 그 사람들은 노후에 어떻게 살고 싶은지 그런 생각 자체를 안 해요. 단지 다리가 약해져 걸을 수 없거나 혼자서 밥을 못 지어 먹으면 어쩌나 하며 막연하게 괴로워하는 사람이 많죠.

Y : 나처럼 쭉 혼자서 살아온 사람하고 남편을 잃고 갑자기 혼자가 된 사람은 다르다고 생각해요. 그 사람들을 보면 '왜 저런 생각을 하지' 싶을 때가 있어요. 쓸데없는 일을 하더라고요.

아무래도 지금까지 자기 남편한테 의지하며 살아왔으니까요. 무슨 일이 있을 때마다 "여보, 어떡해" 하며 기대왔으니 지금도 자기 혼자 결정을 못 하는 거죠. 결정력이 없다고나 할까.

하지만 나 같은 사람은 뭐든지 내가 결정할 수밖에 없으니 그런 차이가 있죠. 사실 우리 엄마도 나한테 의지했었으니까요. 엄마가 입원할 때 병원을 결정하는 일도 내가 했고요. 그런 의미에서 보면 여자 혼자 살아온 사람이 더 강하죠.

　이처럼 명쾌한 이야기를 듣고 보니 남편과 아이가 있는 나 자신도 가족에게 뿌리 깊게 의존하고 있다는 생각이 들었다. 하지만 '아내가 어떻게든 해주겠지' 하며 나에게 의존하는 남편도 만약 예상과 다른 상황이 닥치면 나보다 더 큰 어려움에 빠질 것 같다는 생각이 들었다.

　이러한 형태의 상호의존에 기대어 아무런 준비도 하지 않은 채 혼자가 되고 80대, 90대의 초고령기로 진입하는 사람들이 크게 늘어나는 사회, 그것이 앞으로 우리가 맞이할 시대다.

　막연하게 가족에게 의존하며 살아온 사람들은 스스로 고민해서 쇠약이나 죽음을 준비하는 과정이 무슨 일이든 혼자 결정하며 살아온 여성들보다 훨씬 더 힘들 것이다. 가족에게 의존하는 마음을 접고, 혼자 맞이할 노후를 스스로 준비할 수 있는 사람이 과연 얼마나 될까. 이런 준비를 하지 못하는 사람들이 많다면, 그것은 사회적으로도 큰 문제일 것이다.

6장

방관과
불안감 대신
무엇이
필요한가

◇◇◇◇◇◇◇◇◇◇◇◇◇◇◇◇◇◇◇◇◇◇◇◇◇◇◇◇◇◇◇◇◇◇◇◇◇◇

1 0 0

y e a r s

o l d

혼자서는 준비할 수 없는 것

위험 1순위:
혼자 사는 완고한 노인

A 회원 : 독거노인과 관련해서 가장 큰 문제는 아무한테도 도움을
요청하지 않거나 외부와 접촉하지도 않는 고립된 사람을 어떻게
할 것인가 하는 점이죠. '나는 쇠약해지지 않을 거야'라고 생각하
겠지만 늙으면 어쩔 수 없잖아요. 무서워요!

B 회원 : 경증치매에 걸린 여든한 살 친구가 있는데 병원에 좀 가
보라고 권해도 절대로 가려고 하질 않아요. "내 머리는 정상이야.
허리하고 다리가 조금 약해졌을 뿐이지"라고 하면서요.

C 회원 : 내가 아는 사람은 지금 여든여섯 살인데 아무리 여러 가
지 정보를 알려주려고 해도 받아들이질 않아요. 아흔 살까지는 끄
떡없다는 소리만 하면서요. 그래도 정보를 알려주려고 하면 당신

은 참 좋은 사람이지만 지나치게 걱정이 많은 게 제일 큰 단점이라며 도리어 나한테 뭐라고 해요. 사실 지금 불안한 상황일 텐데 그렇게 말한다니까요.

앞의 이야기는 두 달에 한 번씩 모이는 '살기 좋은 고령사회를 위한 여성 모임—히로시마'의 '독신 카페'에서 들은 내용이다. 카페가 운영된 지는 4년, 카페 참가 자격은 원칙적으로는 혼자 사는 사람이다. 하지만 자녀가 없는 노인 부부 세대나 자녀가 있어도 의지할 수 없는 사람, 혼자 사는 부모나 친구를 둔 사람에게도 문을 열어놓았다.

이날의 대화는 '혼자 사는 완고한 친구, 지인'의 이야기로 후끈 달아올라 주제의 의미를 깊이 파고들어 고찰하지 못하고 끝이 났다.

그러나 이번에 쇠약 준비에 관한 내용을 다루며 이때의 기록을 다시 들춰보고 새삼 혼자 사는 완고한 노인의 문제가 굉장히 중요하다는 사실을 깨달았다.

앞의 내용을 쇠약 준비라는 측면에서 생각해보면 몇 가지 문제점이 드러난다. 우선 "늙으면 어쩔 수 없잖아요. 무서워요!"라고 느낀다면 그렇게 무서운 상황이 닥치기 전에 어떤 준비를 해야 할 것인가 하는 점이다.

그 다음 문제로는, 절친한 친구나 지인의 조언조차 받아들이지 못하고 도움을 요청하지도 외부와 교류하지도 않는 사람은 어쩔 수 없이 최악의 상황까지 갈 수밖에 없는 것일까? 최악의 상황에 이르는 것을 막아줄 어떤 수단, 즉 공적 지원 제도는 없을까? 그 지원 제도에 누가 이어줄 것인가?

어쩌면 이 주제는 '고독사' 예방법이 될 수도 있다는 생각이 들었다.

그렇다면 5장에서 경탄스러울 만큼 철저하게 쇠약과 죽음 준비를 했던 X씨, Y씨는 이런 문제에 어떻게 대비했을까?

현재 시점에서 아직 판단 능력이나 자기결정 능력이 있고 비교적 건강한 X씨, Y씨였기에 그들이 한 준비는 한정된 것이었을 것이다.

하지만 자신을 지켜주고 권리를 옹호해줄 가족이 없는 독거 노인이나 노인 부부가 맞닥뜨리는 심각한 위기는 판단 능력, 자기결정력을 상실했을 때 찾아온다. 그럴 때를 대비해 두 사람은 어떤 준비를 해두었을까?

자기결정력을 상실한 후에 대한 준비와 제도적인 제약

먼저 X씨의 사례다. 그녀의 쇠약 준비와 죽음 준비는 "하나하나 다 처리하지 않으면 죽어도 제대로 죽는 게 아닐 텐데 이젠

다 해결됐습니다"라는 말에서 알 수 있듯 굉장히 세심했다.

그러나 그토록 투철한 그녀조차 쓰러지고 나서의 일에 대해서는 다음과 같이 말했다.

> 필자 : X씨는 만약 쓰러지면 누구한테 보살핌을 받을지가 앞으로 남은 문제네요. 그에 대해서는 어떤 준비를 하고 계세요?
>
> X : 그러게 말이에요. 죽은 뒤의 일은 거의 다 끝냈는데 쓰러지면 누가 나를 보살펴줄지. 이게 가장 큰 문제인데 어떻게 해야 할지 모르겠어요. 시설은 많지만 어디에 들어가야 좋을지 정말 모르겠어요.
>
> '좋은 케어매니저를 찾는 일이 중요하니 지역포괄지원센터에 가서 상담하면 된다'고들 하지만, 어디가 크게 나쁘지 않으면 케어매니저하고 상담도 할 수 없잖아요. 예전에 유방암 수술을 했을 때 "움직일 수 없게 되면 어떻게 해야 합니까" 하고 지역포괄지원센터에 상담하러 갔어요. 그랬더니 "아, 그렇게 되시면 상담하러 다시 오세요."라고 하더군요. 그때가 되면 케어매니저하고 누구누구하고 세 명이 집으로 찾아와줄 거라면서. 하지만 그렇게 되고 나서라면 제대로 준비를 할 수가 없잖아요.

여기서 눈여겨 보아야 할 대목은 X씨가 '쓰러지면 어떻게 해야 할지 모르겠다'고 말한 부분이다.

만약 시설에 들어가고 싶다면 서비스제공노인주택 하나만 예로 들어도 시설마다 제공하는 서비스 내용이 천차만별이다. 식사 제공 여부, 요양사업이나 주간보호 서비스 병설 여부, 24시간 요양이나 간호 서비스 제공 여부, 치매 대응 서비스 여부, 임종 서비스 제공 여부 등 경우의 수가 엄청나게 많아서 노인 혼자 선택하기가 굉장히 어렵다.

쓰러지게 되면 케어매니저의 역할이 중요하다는 사실을 알게 된 X씨가 미리 케어매니저와 상담을 하고 싶었지만, 현재의 제도로는 불가능한 일이었다. 케어매니저와 상담할 수 있는 시점은 개호보험을 신청해서 요지원·요개호 등급을 받은 후부터다. 쓰러지기 전에는 상담하러 찾아가도 "그렇게 되시면 상담하러 다시 오세요"라고 문전박대만 당할 뿐이다.

다음은 Y씨의 사례다.

가까이에 의지할 친족이 없는 Y씨는 쓰러지게 되면 어떻게 해야 할지 그 해결책을 찾는 것이 무척 절실했다. 그런 Y씨가 80대 중반일 때, 노인 신원보증, 일상생활 지원, 사후 정리 서비스를 해준다는 업체의 신문 광고가 눈에 띄었다. Y씨는 그 업체의 직원을 불러 상담을 받았다.

Y : 광고를 보고 그런 서비스를 하는 곳이 있다는 걸 알게 됐어요. 한번 만나봐야겠다는 생각이 들더군요. 그래서 상담을 요청했더니

남자 직원이 찾아와서 "먼저 120만 엔, 1년치 돈을 내시면 한 달에
한 번씩 찾아뵙겠습니다. 마침 제가 가까운 곳에 있으니 제가 올게
요."라고 말하더라고요. '아니 이 사람이 찾아오는 거야? 그럴 필요
까지야 없지. 내가 연락했을 때 도와주기만 하면 되는데'라는 생각
이 들어 계약은 하지 않았어요.

어머니와 단둘이 살았고 직장에서도 남성과 접촉할 기회가
많지 않았던 Y씨는 아무리 일이라지만 낯선 남자가 한 달에 한
번씩 집으로 온다는 것이 꺼림칙해서 서둘러 거절했다고 한다.

신뢰할 만한 사람의 도움 없이 광고지에서 본 사업자를 믿고
일을 맡기면 얼마나 위험한지 3장에서 단기간에 거액의 돈을 악
덕업자에게 빼앗겼던 R씨의 사례를 통해 알 수 있었다.

결국 X씨와 Y씨 모두 쓰러지거나 치매로 자기결정 능력을 상
실했을 때를 대비한 준비를 하는 데 한계가 있었다. 두 사람 다
확실하고 효과적인 방법을 찾지 못한 채 발만 동동 구를 수밖에
없었다.

두 사람의 사례를 통해 알 수 있는 중요한 시사점은 노인 자신
의 노력으로 상당한 수준까지 쇠약 준비를 한다 해도, 쓰러지게
된 후에 대한 준비를 하는 데에는 제도적인 한계가 있다는 사실
이다.

비영리조직을 통해
도움을 받다

다행히 Y씨는 그녀의 불안을 알아차린 민생위원이 비영리법
인을 소개해줘서, 전문 지원인(사회복지사)을 통해 제도적 지원
을 받으며 안심하고 생활할 수 있게 되었다.

**Y : 평소 제가 신뢰했던 민생위원이 있는데, 그 사람이 내가 안절
부절못하는 걸 보고 '정말 불안한가 보다' 싶었던 모양이에요. 그
래서 저에게 자기가 알던 사회복지사를 소개해주었는데, 그 덕에
비영리조직과 인연을 맺게 됐죠. 제 나이 여든아홉일 때 그 비영
리조직과 계약을 체결했습니다. 불안감이 점점 심해져서 빨리 의
지할 곳을 찾아야 한다고 생각하던 참이었는데, 참 다행스럽죠.**

외부 지원을 받은 후
Y씨의 생활 변화

Y씨는 오랫동안 변형성 고관절증을 앓았다. '이대로 방치하면
움직이지 못하게 된다'며 의사가 수술을 권유했지만, 입원과 수
술에 대한 불안감이 커서 아파도 계속 참아왔다. 갈수록 통증이
심해지고 부엌일도 제대로 할 수 없는 상황에서도 치료를 꺼리
던 Y씨가 용기를 내서 수술을 하게 된 것도 비영리조직과의 교
류 덕분이었다. 비영리조직의 전문가(의사, 사회복지사)들이 Y씨

의 불안감을 충분히 공감해주고, 함께 입원 준비를 해준 것이다. 계속 질병을 방치할 경우 와상 환자가 될 수 있는 위험한 상황이었는데, 치료를 하게 되어 생활의 질이 크게 개선되었다. 이런 변화는 전문가들의 적절한 지원이 있었기에 가능한 것이었다.

Y씨의 사회 관계와 생활이 비영리법인에 가입하고 입원, 수술한 후 어떻게 변했는지를 가입 전과 비교해 살펴보자. 그림 6과 그림 7을 비교해보면 크게 바뀌었다는 사실을 알 수 있다.

그림 7에 나타난 것처럼 사회복지사, 법무사의 지원을 받아 비영리법인과 임의후견 계약을 맺으며 동시에 위임사무 계약도 체결했다. 이를 통해 유언서 작성과 공증, 연명 치료 거부 확인서 작성을 했을 뿐 아니라 병원이나 요양·복지 서비스를 이용할 때 보증인이 필요하면 언제든지 지원받을 수 있게 되었다. 지역포괄지원센터나 케어매니저와 소통하게 되어 혼자의 힘으로는 어려웠던 개호보험 신청, 재가서비스 이용도 할 수 있게 되었다.

불안감과
자존감 사이에서

내가 Y씨의 이야기를 들으러 간 것이 그녀가 입원하기 전 한 번, 입원 후 한 번이었다. 두 번 다 사회복지 담당자와 동행했는

그림 6) **Y씨의 수술(입원) 전 상황**

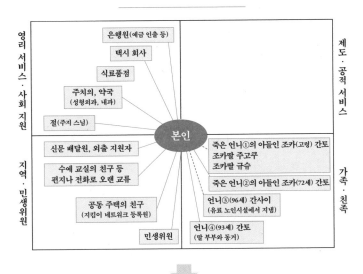

영리 서비스 · 사회 지원

제도 · 공적 서비스

- 은행원(예금 인출 등)
- 택시 회사
- 식료품점
- 주치의, 약국 (성형외과, 내과)
- 절(주지 스님)

- 신문 배달원, 외출 지원자
- 수예 교실의 친구 등 편지나 전화로 오랜 교류
- 공동 주택의 친구 (지킴이 네트워크 등록원)
- 민생위원

지역 · 민생위원

본인

- 죽은 언니①의 아들인 조카(고령) 간토 조카딸 주고쿠 조카딸 규슈
- 죽은 언니②의 아들인 조카(72세) 간토
- 언니③(96세) 간사이 (유료 노인시설에서 지냄)
- 언니④(93세) 간토 (딸 부부와 동거)

가족 · 친족

그림 7) **Y씨의 수술(퇴원) 후 상황=현재(그림 6에 추가된 내용)**

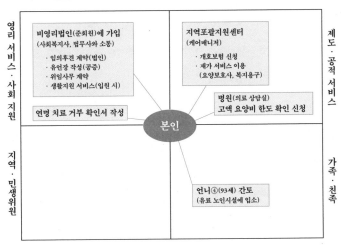

영리 서비스 · 사회 지원

제도 · 공적 서비스

비영리법인(준회원)에 가입 (사회복지사, 법무사와 소통)
- 임의후견 계약(법인)
- 유언장 작성(공증)
- 위임사무 계약
- 생활지원 서비스(입원 시)

연명 치료 거부 확인서 작성

지역포괄지원센터 (케어매니저)
- 개호보험 신청
- 재가 서비스 이용 (요양보호사, 복지용구)

병원(의료 상담실) 고액 요양비 한도 확인 신청

지역 · 민생위원

본인

언니④(93세) 간토 (유료 노인시설에 입소)

가족 · 친족

※ 결국 자녀가 있어도 시설에 입소　　※ 공적 제도 등으로 연결 역할 : 민생위원→전문가(사회복지사)

데 두 번째 방문했을 때 사회복지 담당자와 Y씨의 대화가 무척
흥미로웠다. 담당자가 Y씨에게 두 가지 권유를 했는데 그에 대
한 Y씨의 반응이 전혀 달랐던 것이다.

사회복지 담당자 : 지금은 어르신이 건강하시니까 의사에게 그 동
안 앓았던 병에 대해 직접 말씀하실 수 있지만, 만약 말씀을 못 하
시게 되면 그걸 누가 의사에게 전달할 수 있을까요. 그럴 만한 사
람이 없죠. 과거 병력을 정리해서 기록해두신 건 있습니까.
Y : 그거야 병원에 가면 있잖아요. 진료 기록이요. 내과도 그렇고
성형외과도 그렇고.
사회복지 담당자 : 그야 물론 병원에 가면 있겠지만 어느 병원에서
어떤 질병들을 치료했는지는 어르신의 머릿속에만 들어 있잖습니
까. 그러니 무슨 일이 생겼을 때 민생위원이나 제가 "이분의 건강
상태는 이렇습니다"라고 의사에게 전달할 수 있는 기록이 있으면
좋겠다는 생각이 듭니다.

그러자 Y씨는 즉각 "어떻게 작성하면 될까요?" 하고 적극적으
로 반응했다.
하지만 다음의 두 번째 권유는 거부했다.

사회복지 담당자 : 위기 상황이 닥쳤을 때의 연락 수단이 집 전화

기쁜이네요. 센터 방식의 긴급통보시스템이라는 게 있어요. 목걸이처럼 목에 걸거나 실내에 그냥 놓아두어도 되는 장치입니다. 무슨 일이 생겼을 때 말씀을 하시면 그쪽에서 대답하고 도우러 찾아오는 방식이죠. 어르신은 아직 집 전화기만으로 괜찮다고 생각하시나요?

Y : 나는 내가 아직 그렇게까지 심각하다고 생각하지 않아요. 뭐든지 할 수 있으니까요. 내가 설마 그런 상황이 될까 싶어요. 아직도 나는 건강해서 아무렇지도 않고, 잠도 잘 자고, 뭘 먹어도 맛있거든요. 지금은 쓰러지는 상황을 생각하지 않고 있어요. 요즘은 매사 조심하며 생활하거든요.

이 말을 듣고 완벽하게 마무리 준비를 해온 Y씨가 긴급통보시스템 설치는 왜 그렇게 주저하는지 궁금했다. 그리고 2장에서 인용했던 '누워 지내야 해서 일상생활이 중단되고 누군가에게 돌봄을 받는 경험을 하기 전까지 내가 나이 들었다고 실감하지 못했다'는 세토우치 자쿠초 씨의 이야기가 떠올랐다. Y씨도 수술로 인해 일시적으로 누군가의 보살핌을 받는 일은 받아들였지만, 그러한 돌봄이 일상적으로 이루어지는 것에는 강한 거부감을 느낀 것이다. 그래서 자존심에 상처를 입고 '아직 그렇게까지 심각하지는 않다'고 말한 게 아닐까.

Y씨 같은 사람이 이럴 정도이니 앞서 '독신 카페'에서 화제가

된 완고하고 고립된 노인들이 자기 스스로 병원에 찾아가 진료를 받거나 지원을 요청하는 것은 얼마나 어려운 일이겠는가. 그런 노인들은 결국 마지막 순간까지 속수무책으로 방관하며 살 수밖에 없는 것이 현실임을 새삼 깨달았다.

의료 현장에서
가족의 9가지 역할

지금까지 5장과 6장에서 장수 노인들의 쇠약 준비와 죽음 준비를 살펴보았다. 쇠약과 죽음 준비를 최대한 스스로 해야 하는 이유는 몇 번이나 반복해서 말하지만 가족 형태의 변화 때문이다. 현대 사회에서는 마지막 시기의 생활을 함께해줄 가족이 없는 사람, 임종을 지켜주는 사람 하나 없이 혼자 죽는 노인이 점점 더 많아지고 있다.

게다가 장수하면 장수할수록 자녀 세대가 먼저 죽는 역연의 위험이 높아지기 때문에 스스로 쇠약과 죽음을 준비해야 할 필요성은 더욱 커진다. 나에게 이야기를 들려준 장수 노인들 가운데에도 여러 명의 역연 경험자가 있었다는 사실은 앞서 소개한 대로다.

법학자인 바이 고이치 씨는 가족 중에 누군가가 병에 걸려 의료 서비스를 받아야 할 때 다른 가족 구성원이 해야 하는 역할로 다음의 9가지를 꼽았다.

1. 의료기관으로 연결해주는 사람

2. 의사와 환자 간의 정보 연락 거점

3. 의사결정자

4. 간호

5. 간병

6. 의료비 부담

7. 돌아갈 곳(퇴원하여 일상으로 돌아가는 일이 전제지만 항상 그런 것은 아니다)

8. 치료 중단 신청자

9. 유족→장례 주관자

   사체 관리자, 장기 기증자

   이별을 슬퍼하는 가족

   — 바이 고이치, 「가족과 의료」, 『가족과 의료』, 고분도, 1995년, 10쪽

앞의 책 『가족과 의료』가 출판된 1995년 당시에는 아직 개호 보험 제도가 없어 노인이 쓰러지면 가족이 돌볼 수밖에 없었다. 그래서 출판 당시 여기에 실린 9가지 항목을 읽고 가족의 기능에 관한 지식으로만 이해했다.

그러나 지금의 나에게 이 9가지는 구체적인 쇠약 준비, 죽음 준비 항목으로 실감나게 다가온다. 그 동안의 변화가 이렇게나 큰 것이다.

혼자 사는 X씨, Y씨가 아직 건강할 때 자기 힘으로 했던 준비
는 이 중 어느 것일까.

요양이나 간호, 장례식의 '비용 부담', 연명 치료 거부 확인서
를 미리 작성하여 '치료 중단 신청', 조카 부부와 함께 장례 회사
를 예약하는 형태로 이루어진 사후의 '장제 주관'이 해당한다. 또
한 사회복지 담당자가 Y씨에게 권유한 상세한 과거 병력의 작성
은 '의사와 환자 간의 정보 연락'에 도움이 될 것이며, 긴급통보
시스템을 설치한다면 '의료기관에 이어주는 역할'을 할지도 모
른다.

시설에 입소하기를 희망하는 X씨가 요양서비스 제공 노인시
설에 입소하면 '의료기관에 이어주는 역할', '간호', '간병', '돌아
갈 곳'을 확보할 수 있다.

그런데 만약 '지금 사는 집에서 계속 생활하고 싶다'고 희망하
는 Y씨에게 가까이에서 지켜봐주는 민생위원이 없고 비영리법
인과 연결되지도 않았다면 어떻게 되었을까. 아마도 이들과 이
어져 있는 현재보다 훨씬 고독사의 위험이 높았을 것이다.

현재 초고령기를 맞이한 혼자 사는 노인, 고령의 부부 세대 가
운데 공기관 직원의 도움을 받고 있거나, 신뢰할 만한 비영리법
인, 사업자가 제공하는 서비스를 이용하고 있는 사람은 얼마나
될까. 그런 비영리법인이나 사업자가 있는 지역은 어느 정도일
까. 아무래도 규모가 있는 도시가 아니라면 그런 비영리법인이

없는 곳이 많고, 유사한 기능을 하는 업체들 가운데에는 신용이
낮은 곳도 포함되어 있을 것이다.

　의지할 사람이 없는 현재의 노인들은 도대체 어디를 신뢰해
야 좋을지 갈피를 잡지 못하고 있다. 결국 누구하고도 교류하지
않고 제도적인 뒷받침도 없이 세월만 보내다가 마지막 순간을
맞이하는 노인이 늘어날 수밖에 없는 상황이다. 가족이 당연하
게 수행하던 역할을 해줄 사람이 없는 노인은 스스로 준비하지
않으면 다양한 위기에 빠질 가능성이 크다. 장수하면 장수할수
록 그런 위험은 점점 더 커진다. 이것이 현대 사회의 실상이다.

제도적으로 필요한 것은 무엇인가

고령자의 방관 뒤에 숨어 있는
제도적인 문제

다시 되풀이하여 말하건대 내가 건강한 고령자나 활발하게 활동하는 고령자의 이야기를 들어봐야겠다고 생각한 이유는 다음의 두 가지다.

고령자 의식과 관련한 여러 조사 결과를 살펴보면 고령자의 '일상생활 불안' 요인은 유사하게 나타난다. 어느 조사에서든 '건강이나 질병에 대한 불안', '요양 상태에 빠지는 일'이 높은 비율을 차지한다.

예를 들어 '혼자 사는 고령자의 의식 조사' 결과를 보면 '일상생활의 불안'으로 높은 비율을 차지한 응답은 '건강이나 질병에 대한 불안'이 58.9퍼센트, '움직이기 어렵거나 쇠약으로 요양 상태에 빠지는 일'이 42.6퍼센트로 나타났다. 다른 불안 요소인 '자연재해(29.1퍼센트)', '생활 유지를 위한 수입 부족(18.2퍼센트)' 같은 항목보다 매우 높은 비율을 차지하고 있다(그림 8 참조).

그러나 노인에게 서비스를 제공하는 현장에서는 '속수무책으로 방관하는 사람이 많다'는 의견이 압도적이고 '쓰러지면 어떻게 할 생각입니까'라는 나의 질문에도 '어떻게든 되겠지', '누군가가 도와주겠지'라고 대답하는 사람이 많았다.

언뜻 모순되게 보이는 이런 반응을 보고 한 가지 의문이 들었다. '도대체 왜 건강 문제나 요양 문제에 불안을 느끼면서 속수무책으로 방관할까. 강한 불안감을 느낀다면 어떤 준비라도 해서 그런 위험을 피하려 하게 마련일 텐데, 왜 현실은 그렇지 않을까.' 그것이 나의 가장 큰 의문점이었다.

또한 '힘이 없는 사람은 어쩔 도리가 없지만 건강한 사람은 스스로 준비했으면 좋겠다'는 사회복지 종사자들의 의견이 많은 한편, '그렇다면 건강할 때 도대체 무엇을 준비하면 좋은가'라는 노인들의 실질적인 고민도 문제였다.

이런 문제의식에서 출발하여 경제적으로 어려움이 없는 건강한 노인들과 활발하게 활동하고 있는 노인들의 실상을 계속 조사해왔다.

조사 결과, 지금까지 속수무책으로 방관하며 사는 노인 개개인의 문제라고 여겨왔던 일들이 사실은 제도적인 문제와 크게

그림 8) 일상생활의 불안

(복수 응답)

0	10	20	30	40	50	60(%)

건강이나 질병에 대한 불안 — 58.9

움직이기 어렵거나 쇠약으로 요양 상태에 빠지는 일 — 42.6

자연재해(지진, 홍수 등) — 29.1

생활 유지를 위한 수입 부족 — 18.2

의지할 사람이 줄어드는 것 — 13.6

사회 구조(법률, 사회보장, 금융 제도)의 커다란 변화 — 12.6

사기를 당하거나 범죄에 연루되는 일 — 10.3

가업, 집, 토지, 논밭 등의 재산이나 선조와 자신의 묘지 관리 및 상속 — 8.0

주거 환경에 대한 불안 — 7.6

자녀나 손자녀의 미래 — 6.6

새로운 상품이나 서비스 활용 방법을 모름 — 6.1

인간(이웃, 친척, 친구, 동료 등)관계 — 4.9

인터넷 등 새로운 정보 수단의 발달로 정보 수집이 어려워짐 — 4.7

언어나 생활양식, 사람들의 사고방식이 크게 바뀌는 일 — 4.5

기타 — 0.3

불안을 느끼지 않는다 — 19.8

잘 모르겠다 — 0.1

■ 합계(N=1,480명, M.T.=248.0%)

출처 2014년 혼자 사는 고령자의 의식 조사(내각부)

연관되어 있다는 점을 발견했다.

우선 자신의 힘으로 철저하게 쇠약과 죽음 준비를 해온 X씨의 사례를 통해 노인들이 '어떻게든 되겠지' 하며 자신의 미래를 방치할 수밖에 없는 원인 중 하나가 바로 개호보험 제도와 연관되어 있다는 사실을 알게 되었다.

개호보험 서비스는 노인 본인이 직접 신청하고 마음에 드는 서비스 사업자와 계약하게 되어 있다. 이는 노인에게 판단 능력과 자기결정 능력이 있다고 가정한 것이다. 하지만 현실적으로 서비스의 신청과 계약이 이루어지는 시점은 질병이나 부상으로 판단 능력이 저하되어 있는 때다. 개호보험 서비스가 필요하지만 판단 능력이 없어 개호보험을 신청할 수 없는 노인들을 찾아내고, 대신 신청을 해주는 공적 기관은 없다.

그러니 '쓰러지면 어떻게 하실 생각이세요'라는 나의 질문에 노인들이 '어떻게든 되겠지'라고 대답할 수밖에 없는 상황이었던 것이다.

덧붙여 오랫동안 변형성 고관절증으로 고생한 Y씨의 사례를 떠올려보자. Y씨처럼 일상적으로 습관화된 자기만의 일과를 보내며 건강을 유지해온 사람은 생활 변화를 꺼리는 경향이 매우 강하다. 더구나 매년 바뀌는 개호보험이나 의료 제도에 대한 지식이 없고 개호보험 신청이나 계약을 어디에서 어떻게 하는지조차 모르는 사람이 많다.

지속되는 고령화로 의지할 사람이 없는 노인이 늘어나면 늘어
날수록 그들의 생활이 붕괴되기 전에 누가, 어떻게 그들에게 개
입하여 지원할 것인가 하는 문제는 더욱 심각해지고 있다.

노인의 권리 옹호를 위한 성년후견 제도가 있지만 그것은 자
기결정 능력을 상실한 사람이 대상이다. 더구나 제도의 핵심은
재산 관리가 중심으로, 보험이나 의료 서비스를 이용하기 위한
지원은 한정된다. 현재 시설에서 재가복지로 서비스의 흐름이
바뀌며 자택에서 별다른 대책도 없이 생활하는 위험한 시기의
노인들이 더욱 증가할 것으로 전망된다.

서비스 지원 연계 체계와
신뢰성 확보

그렇다면 이러한 상황에서 제도적으로는 어떻게 대처해야 좋
을까.

개호보험 제도의 문제와 관련하여 후생노동성은 2018년 지
금까지 따로따로 시행하던 보험 사업과 요양예방 사업을 통합
한다는 방침을 밝혔다. 구체적인 내용은 다음과 같다.

① 노인들이 요양 상태에 빠지는 것을 예방하기 위해 지역 살
   롱 등 노인들이 모이는 장소에 보건사가 정기적으로 방문

② 보건 지도나 건강 상담 등 건강 증진 활동 지원

③ 이를 통해 얻은 정보를 주치의 등과 공유

6장 방판과 불안감 대신 무엇이 필요한가

④ 주치의는 앞의 정보를 기초로 하여 질병 위험이 있는 고령
  자에게 진료 권유

질병 위험이 높은 쇠약한 노인들을 초기에 발견하여 치료하
겠다는 정부의 새로운 의지가 담겨 있다. 이러한 방침이 시행되
면 아무런 준비를 하지 못하고 있던 사람 중에서도 지원 대상자
가 나올지도 모른다.

하지만 후생노동성의 조사 자료에 의하면 지역 주민들의 모
임 장소를 일상적으로 방문하는 사람은 2016년 기준 고령 인구
의 4.2퍼센트에 불과한 것으로 나타났다. 따라서 다른 사람과
교류하지 않고 고립된 사람들을 누가, 어떻게 지원할지는 여전
히 해결되지 않은 채로 남아 있다.

더구나 이러한 정책과는 별도로 시급한 분야가 의지할 가족
이 없는 사람의 신원보증과 관련한 사업의 신뢰성 확보다. 우후
죽순으로 생겨나는 이러한 업체의 신용을 국가가 어떻게 담보
할 것인가에 대한 대처 방안이 필요하다.

내각부의 소비자위원회에서는 「신원보증 등 노인 지원 사업
의 소비자 문제 조사 보고」를 통해 사업 현황과 제도적으로 미
흡한 점을 다음과 같이 지적했다.

일상생활 자립 지원 사업이나 성년후견 제도는 제삼자가 점검하지만
신원보증 등 노인 지원 사업은 사업의 적정성 확보에 관한 규정이 없

어 적절하게 사업을 운영한다고 보기 어렵다.

따라서 소비자청 및 후생노동성은 관련 행정 기관과 연계하여 ……
소비자가 안심하고 신원보증 등 노인 지원 서비스를 이용할 수 있도
록 필요한 조치를 마련해야 한다.

예를 들어 구체적인 대책을 마련하기 위해서는 다음의 사항을 고려
해야 한다.

① 계약 내용(해지 시 유의 사항)의 적정성, 비용 체계의 명확성(모델 계
   약서 책정 등)

② 예탁금 보전 조치

③ 제삼자 등이 계약 이행을 확인하고 점검하는 체계 구축

④ 이용자 민원 상담 사례 수집 및 대응책 마련, 활용 체계 구축

　—소비자위원회, 「신원보증 등 노인 지원 사업의 소비자 문제 조사 보고」,

2017년

이런 문제점이 개선되면 법인이나 사업자와 계약하여 자신의
힘으로 만일의 사태를 준비하는 사람이 증가할 것이다.

어느 날, 앞서 언급했던 '독신 카페' 멤버 중 한 명이 깊이 고민
한 끝에 이렇게 마음먹었다고 말했다. "요양 서비스 사업자 중
어느 사업자를 믿어야 좋을지 알 수가 없어요. 그래서 미래에 대
해서는 걱정하지도 말고 고민하지도 말고 하루하루를 즐기며

살자고 결정했습니다. 하루를 즐겁게 보낼 수 있다면 그것으로 만족하자. 이렇게 생각하니 마음이 편해요!"

나는 그녀가 부지런히 여러 정보를 모으고 믿을 만한 사업자나 비영리법인이 없는지 계속해서 찾아왔다는 것을 알고 있었기 때문에, '그저 하루하루를 즐기며 살기로 했다'는 그녀의 말이 무척 가슴 아팠다.

내일의 불안을 덜기 위한 효과적인 수단을 찾지 못하면 사람들은 절망할 수밖에 없다. 절망하지 않으려면 차라리 내일 일은 생각하지 말고 하루하루 최선을 다해 사는 것이 낫다. 나는 그녀의 말을 이렇게 해석했고 그 말 속에서 그녀의 깊은 절망감을 느꼈다.

그녀처럼 건강할 때 자기 힘으로 어떻게든 준비하려는 의욕을 지닌 사람조차 속수무책으로 방관할 수밖에 없는 현재 상황을 개선하기 위해서는 국가의 대처 방안이 무엇보다 시급하다.

쇠약과 죽음 준비를 위한 두 가지 과제

비교적 젊을 때부터 쇠약 준비와 죽음 준비를 성실히 해온 X씨와 Y씨의 사례를 통해 드러난 시사점은 무엇일까. 그것은 아무리 열심히 준비해도 개인의 힘과 노력만으로는 한계가 있고, 이러한 한계는 국가의 제도와 크게 관련되어 있다는 점이다.

제도적인 과제로는 크게 두 가지 점을 들 수 있다.

첫 번째, 체력과 기력이 허약해지고 상황을 판단할 능력이 떨어지는 초고령기 인구가 증가할 전망이다. 따라서 혼자 사는 노인 세대 또는 고령의 부부만으로 구성된 세대가 늘어나며, 자신의 힘으로 지원받을 수 있는 자원과 연계할 능력이 없는 사람들도 증가한다. 이들이 최악의 상황에 빠지지 않도록 의료나 안심할 수 있는 장소로 이어주는 사회적 구조 정비가 필요하다.

두 번째, 가까이에서 자신을 지지하고 권리를 옹호해줄 사람이 없는 노인이 아직 자기결정 능력이 남아 있을 때 쇠약해 쓰러지는 상황을 직접 준비할 수 있도록 도와야 한다는 점이다. 안심하고 자신의 마지막을 맡길 상대를 선택하도록 지원해야 한다. 일상생활을 돕고 권리를 지켜주는 역할을 담당할 상대와 신뢰를 쌓고 확고한 관계로 이어주는 사회 체계 정비가 필요하다.

이 두 가지는 앞으로 더욱 고령화되고 가족의 돌봄을 받기 어려운 초고령기의 노인이 급속히 늘어나는 사회를 맞이하여 무엇보다 시급하게 정비해야 할 제도적인 과제다.

X씨, Y씨가 개인적으로 준비하며 부딪혔던 쇠약 준비의 한계점은 현행 제도의 한계점이었다.

종장

고령화
시대와
'인생
마무리'

◇◇◇◇◇◇◇◇◇◇◇◇◇◇◇◇◇◇◇◇◇◇◇◇◇◇◇◇◇◇◇◇◇◇◇◇◇

1 0 0

y e a r s

o l d

고령자 가족의 형태와
준비 의식

고령자 가족의 형태—
2035년에는 어떻게 변할까

결혼하지 않고 혼자 살면서, 젊을 때부터 쇠약과 죽음을 준비해온 X씨와 Y씨. 그녀들은 남편과 자녀가 있는 자기 세대 여성들에 대해 이렇게 말했다. "무슨 일이 있을 때마다 '여보, 어떡해' 하며 기대왔으니 지금도 자기 혼자선 결정을 못 하는 거죠. 결정력이 없다고나 할까." "그 사람들은 노후에 어떻게 살고 싶은지 그런 생각 자체를 안 해요."

이제는 남녀 모두가 80세 넘은 나이에 혼자, 또는 부부끼리만 사는 걸 준비하고 각오해야 하는 시대다.

인생의 마무리 준비를 스스로 해야 하는 이유는, 동시에 진행된 고령화와 가족의 변화 때문이다.

우선 일본인의 평균수명은 1990년에 남자 75.92세, 여자 81.90세였는데, 2017년에는 남성 81.09세, 여성 87.26세로 늘어났다. 단카이 세대가 80대 중반이 되는 2035년에는 남성 82.39세, 여성 88.90세에 이를 것으로 예상되고 있다.

한편 현재 사망자 수가 가장 많은 연령은 남성 87세, 여성 92세라고 한다. 계속되는 고령화로 인해 평균수명을 훌쩍 뛰어넘어 90대, 100대 인생을 사는 사람이 앞으로도 꾸준히 늘어날 것이다.

다음으로 주목할 것은 가족의 변화다. 요양돌봄이 필요한 노인을 누가 돌보는지도 과거와는 많이 달라졌다. 요양돌봄을 받아야 하는 노인이 같은 집에 거주하는 가족에게 보살핌을 받는 비율은 2001년 71.1퍼센트에서 2010년 64.1퍼센트로, 2016년에는 58.7퍼센트로 감소했다. 반면 따로 사는 가족의 도움을 받거나 개호보험 서비스를 받는 비율이 늘어났다. 과거의 주요 돌봄 제공자였던 자녀의 배우자(특히 며느리)가 보살피는 비율은 같은 시기 22.5퍼센트에서 15.2퍼센트로, 다시 9.2퍼센트로 떨어져 절반 이하로 줄어들었다(「국민생활 기초 조사」 결과). 이제는 아들 가족과 노부모가 함께 살며 며느리가 늙은 시부모를 모시는 시대가 아니다.

이런 방향으로의 가족 변화는 앞으로 더욱 심화될 것으로 예상된다.

국립사회보장·인구문제연구소의 고야마 야스요 씨가 2010
년과 2035년을 비교한 「노인 주거 상태 미래 추계—결과 개요」
를 통해 80대 고령자 가족의 변화를 살펴보자.

현재 70대인 사람들은 이를 통해 자신의 미래를 예측해볼 수
있을 것이다.

2010년의 80대와 2035년의 80대를 비교하면 남성은 80대에
'자녀와 같이 사는 세대'의 비율이 감소하고, 85세 이상이 되면
'노인 부부 세대'가 늘어난다. 여성은 '자녀와 같이 사는 세대'의
비율이 낮고 80대에 '노인 부부 세대'가 크게 증가하지만 85세
이상에서는 '단독 세대'가 늘어난다(그림 9 참조).

이 결과를 통해 자녀와 함께 살지 않는 노인들이 증가할 것임
을 알 수 있다. 또한 예전에는 소수였던 85세 이상의 초고령기
부부 세대와 남편이 사망한 후 혼자 사는 85세 이상 여성이 큰
폭으로 늘어날 것임을 쉽게 예측할 수 있다.

앞의 추계 자료에서는 노인 세대의 현재 주거지와 자녀 세대
와의 관계를 '시설 거주', '근처에 살지 않음', '근처 거주', '동거'
로 구분하고 미래 상황을 예측했다. 결과를 보면 남녀 모두 80
세 이상에서 자녀와 동거하는 비율이 2035년에는 2010년에 비
해 큰 폭으로 줄어들고 '근처 거주'도 소폭으로 감소한다. 한편
'근처에 살지 않음'은 80세 이상에서 큰 폭으로 증가한다(그림
10 참조).

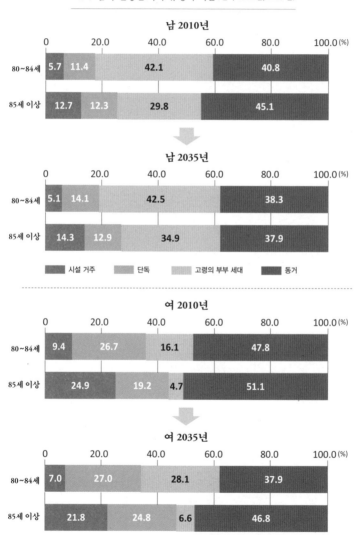

그림 9) **남녀 연령별 가족 유형의 비율**(전국 2010년, 2035년)

남 2010년

	시설 거주	단독	고령의 부부 세대	동거
80~84세	5.7	11.4	42.1	40.8
85세 이상	12.7	12.3	29.8	45.1

남 2035년

	시설 거주	단독	고령의 부부 세대	동거
80~84세	5.1	14.1	42.5	38.3
85세 이상	14.3	12.9	34.9	37.9

■ 시설 거주 ■ 단독 ■ 고령의 부부 세대 ■ 동거

여 2010년

	시설 거주	단독	고령의 부부 세대	동거
80~84세	9.4	26.7	16.1	47.8
85세 이상	24.9	19.2	4.7	51.1

여 2035년

	시설 거주	단독	고령의 부부 세대	동거
80~84세	7.0	27.0	28.1	37.9
85세 이상	21.8	24.8	6.6	46.8

■ 시설 거주 ■ 단독 ■ 고령의 부부 세대 ■ 동거

출처 고야마 야스요, 「노인 주거 상태 미래 추계―결과 개요」, 2017년 3월 추계(국립사회보장·인구문제 연구소) 자료 중 80세 이상의 데이터를 발췌하여 작성

그림 10) 남녀 연령별 자녀 세대와의 관계(전국 2010년, 2035년)

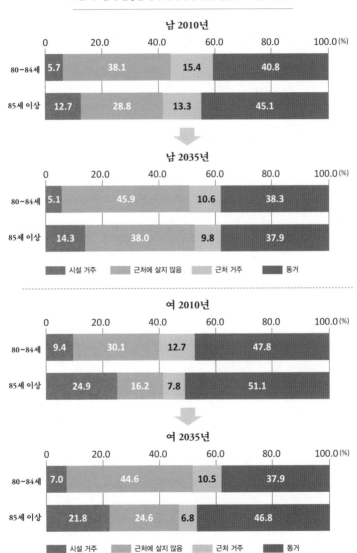

남 2010년

	0	20.0	40.0	60.0	80.0	100.0 (%)

80~84세 | 5.7 | 38.1 | 15.4 | 40.8

85세 이상 | 12.7 | 28.8 | 13.3 | 45.1

남 2035년

	0	20.0	40.0	60.0	80.0	100.0 (%)

80~84세 | 5.1 | 45.9 | 10.6 | 38.3

85세 이상 | 14.3 | 38.0 | 9.8 | 37.9

■ 시설 거주　　■ 근처에 살지 않음　　■ 근처 거주　　■ 동거

여 2010년

	0	20.0	40.0	60.0	80.0	100.0 (%)

80~84세 | 9.4 | 30.1 | 12.7 | 47.8

85세 이상 | 24.9 | 16.2 | 7.8 | 51.1

여 2035년

	0	20.0	40.0	60.0	80.0	100.0 (%)

80~84세 | 7.0 | 44.6 | 10.5 | 37.9

85세 이상 | 21.8 | 24.6 | 6.8 | 46.8

■ 시설 거주　　■ 근처에 살지 않음　　■ 근처 거주　　■ 동거

출처　고야마 야스요, 「노인 주거 상태 미래 추계―결과 개요」, 2017년 3월 추계(국립사회보장·인구문제
　　　연구소) 자료 중 80세 이상의 데이터를 발췌하여 작성

이 두 가지 미래 추계를 통해 얻을 수 있는 시사점은 단카이 세대가 80세 이상이 되는 2035년경에는 자녀가 가까이에 살지 않고, 혼자 또는 부부 둘이서만 사는 초고령기 노인이 지금보다 더 늘어난다는 사실이다.

이와 같은 전망은 치매나 질병으로 먼저 쓰러진 아내를 돌보는 초고령기 남편의 증가, 더 나아가 혼자 살다가 질병으로 쓰러져 제대로 된 지원도 받지 못한 채 마지막 순간을 맞이할 위험이 높은 여성 고령자가 증가한다는 예측과도 이어진다.

앞으로 더욱더 심화될 이런 가족 변화를 고려하면 지금의 70대는 현재의 초고령기 장수 노인들보다 더 어려운 환경에 놓일 것이 분명하다.

노인들은 정말 아무런 준비도 하지 않았을까

이러한 변화가 예상되는 미래에 X씨나 Y씨가 말한 것처럼 결혼해서 배우자나 자녀가 있는 사람이 '나는 노후에 어떻게 살고 싶은지에 대한 생각이 없다', '나 혼자서는 결정하지 못한다. 결정력이 없다'는 상태로 자신의 초고령기를 전혀 준비하지 않으면 어떻게 될까.

아무런 대책도 없이 초고령기에 도달하고 속수무책인 상태로 초고령기 특유의 해결하기 어려운 문제에 직면하게 된다. 특히

의논 상대가 되어줄 배우자나 자녀가 없는 노인은 매우 혼란스
럽고 막막한 상황에 처하게 될 것이다. 또한 뜻밖의 상처를 입거
나 질병에 걸리면 혼자서 위기를 극복하지 못하고 자택에서 계
속 생활할 수 없는 상황이 될지도 모른다.

하지만 X씨, Y씨가 말한 것처럼 정말로 대부분의 노인들은 나
이가 들어 돌봄이 필요해질 때를 대비해 아무런 준비를 하지 않
았을까.

이 질문에 대해서는 4장에서 소개한 '인생 100세 시대의 인생
설계' 워크숍 참가자의 자유 의견 분석 결과로부터 참가자 대부
분이 80대 전반부터 일상생활 능력이 떨어진다고 예상하면서도
70대 후반까지 구체적인 대책을 세운 사람은 극소수였다는 것
을 이미 설명한 바 있다.

그러나 내가 조사한 워크숍 자료는 일부 대상자를 중심으로
한 질적 분석이어서 현상을 증명할 근거로는 부족할 수도 있다.
그래서 연구 주제가 비슷한 양적 조사 결과를 소개하려 한다.

최근 정부에서 조사한 연구 중에는 이 주제와 직접 관련된 것
이 없어, 조금 오래되었지만 2003년에 내각부에서 조사한 「노
인 돌봄에 관한 여론 조사」 결과를 살펴보기로 하겠다.

이 조사에서는 요양돌봄 준비와 관련한 몇 가지 세부 항목을
제시하고 '돌봄이 필요해졌을 때를 대비해 어떤 준비를 하고 있
는가'라고 질문했다.

70대 이상 노인들(남성 294명, 여성 292명)의 응답 결과를 자세히 들여다보자.

- 저축 등 경제적 준비—남자 27.9%, 여자 22.6%
- 요양돌봄 서비스에 대한 정보 수집—남자 12.2%, 여자 13.77%
- 민간 요양보험 가입—남자 11.2%, 여자 7.9%
- 가족에게 돌봐달라고 부탁—남성 20.4%, 여성 15.8%
- 노인을 배려한 임대주택이나 유료 요양시설로 주거지 변경—남자 8.8%, 여자 6.2%
- 요양돌봄을 받기 쉽도록 집 재건축이나 리모델링—남자 6.8%, 여자 6.8%
- 자녀나 친족의 집으로 주거지 변경—남자 1.7%, 여자 2.4%
- 특별히 없음—남자 36.4%, 여자 44.5%

조사 결과를 보면 '저축 등 경제적 준비'를 한 비율은 남녀 모두 20퍼센트대지만 다른 항목(남성의 '가족에게 돌봐달라고 부탁'만 제외)의 비율은 모두 10퍼센트대거나 그 이하로 나타났다. 가장 높은 비율은 '특별히 없음'으로 여성의 40퍼센트 이상, 남성의 30퍼센트 이상이 돌봄이 필요해졌을 때를 대비해 어떤 준비도 하고 있지 않았다.

자녀는 부모의
노후 준비 상황을 알고 있다

앞의 조사가 이루어진 시점으로부터 10년 후에 제일생명 경제연구소의 기타무라 아키코 씨가 내놓은 연구 조사 결과(기타무라 아키코, 「부모의 요양돌봄 준비」, 《LIFE DESIGN REPORT AUTUMN》, 2015년)를 살펴보자.

이 조사에서는 '65세 이상인 부모가 현재 집에서 혼자 생활하고 있거나 과거에 혼자 살았던 경험이 있는' 40~69세의 자녀 세대 남녀 495명을 대상으로 하여 '부모가 요양돌봄을 위해 준비한 것은 무엇인지'를 물어보았다.

결과는 다음과 같다.

- 요양돌봄에 필요한 비용을 준비하고 있다/준비했다(예금, 적금, 보험 등)—47.5%
- 지역 사람들과 관계를 유지하려고 마음을 쓰고 있다/썼다—44.8%
- 요양돌봄 비용을 어떻게 준비할지 고민하고 있다/고민했다—38.0%
- 누구에게 돌봄을 받고 싶은지 고민하고 있다/고민했다—36.6%
- 요양돌봄이 필요한 상황이 닥칠 것임을 각오하고 있다/각오했다—32.7%

- 사망 후 집이나 소유물을 어떻게 처리할지 고민하고 있다/고 민했다―32.1%
- 공적 개호보험 제도에 대한 정보를 수집하고 있다/수집했 다―29.7%
- 어디에서 요양돌봄을 받고 싶은지 고민하고 있다/고민했 다―29.3%
- 자택 리모델링 등 방문요양을 위한 주택 활용 방안을 고민하 고 있다/고민했다―27.5%
- 노인 요양시설이나 요양서비스 제공 주택 정보를 수집하고 있다/수집했다―22.5%

조사 결과를 보면 역시 요양돌봄을 위한 '비용'을 준비하는 비 율이 절반 가까이에 달한다. 그러나 다른 항목의 준비('지역 사람 들과 관계를 유지하려고 마음을 쓰고 있다/썼다' 제외)는 앞서 소개 한 내각부 조사로부터 10년 후의 조사임에도 불구하고 30퍼센 트 이하의 비율이다. 이 결과를 보면 노인들의 의식이 크게 바뀌 지 않았음을 알 수 있다.

또한 이 조사에서는 '부모의 요양돌봄에 관한 의사 표시 여부' 도 몇 가지 세부 항목으로 나누어 질문했다. 다음의 항목을 자녀 에게 이야기한 적이 있는지 여부에 대한 응답 비율이다. '어디서 요양돌봄을 받고 싶은가' 7.3퍼센트, '누구에게 요양돌봄을 받고 싶은가' 7.9퍼센트, '요양돌봄에 필요한 돈은 어떻게 마련할 것인가' 8.7퍼센트, '사망 이후의 집이나 소유물을 어떻게 처리할 것인가' 7.1퍼센트로 모두 10퍼센트가 되지 않았다.

3장에서 소개한 90대 부모 세대를 돌본 자녀 세대의 여성들은 '부모가 아직 건강할 때 돌봄이 필요해지면 어떻게 하고 싶은지 미리 알려주길 바랐다'라고 말했다. 그렇지만 노인들이 요양 돌봄에 관한 자신의 의사를 미리 표현하지 않는 경향은 사회 전반적으로 폭넓게 나타나고 있다.

노인 문제는 우리 모두의 미래다

부모님은 내가 모셨는데
나는 누가 돌봐줄 것인가

Z : 우리 부부는 양쪽 부모를 모두 돌보았습니다. 치매에 걸린 친정어머니는 95세까지, 시어머니도 93세까지요. 우리야 전통적인 효도관으로 부모님을 돌보고 임종까지 지켰지만, 지금 가장 큰 문제는 우리에겐 그렇게 해줄 자녀가 없다는 사실이에요. 앞으로 어떻게 할지 같이 생각해보자고 남편한테 얘기해도 남편은 "먼저 죽는 사람이 승리"라고 우스갯소리만 할 뿐 고민조차 하질 않아요. 앞으로의 일은 내가 미리 챙겨두어야 하는데 도대체 어떻게 하면 좋을지. 어떤 사람을 우리를 도와줄 핵심 인물로 삼을지 그것 하나만 생각해도 너무 어렵네요.

Q : 저희 엄마는 쓰러졌을 때를 대비해 스스로 준비할 생각을 안

했어요. '어떻게든 되겠지, 딸이 다 해줄 것'이라고 생각하며 제가 당연히 모실 거라고 믿었습니다.

필자 : 그럼 본인의 세대는 어떠세요?

Q : 딸이나 며느리가 당연히 돌봐줄 거라고는 생각 안 해요. 게다가 딸은 나를 돌봐주고 싶어도 그럴 힘도 없어요. 비정규직인 딸의 장래가 어떻게 될지 오히려 그게 걱정이죠. 며느리한테 돌봐달라고 할 생각도 없어요. 며느리는 친정 부모도 있으니 양쪽을 돌봐야 하잖아요. 그렇다면 얼마나 가여워요. 며느리니까 당연히 나를 돌봐줘야 한다는 생각은 눈곱만큼도 없어요.

그런데 실제로 움직이지 못하는 상태가 되면 제가 어떻게 될지에 대한 현실감이 별로 없어요. 다른 사람을 돌본 적이 있어 상황을 알긴 하지만 그래도 어떻게 될지 상상이 잘 안 돼요.

Z씨는 90대였던 어머니와 시어머니 두 명을 돌보고 임종을 지킨 70대 중반의 여성이다. Q씨는 치매에 걸린 작은어머니의 돌봄을 끝내고 현재는 99세의 어머니를 모시며 살고 있다. 작은어머니와 어머니 두 사람을 10년 이상 돌본 70세 여성이다(3장에 등장).

두 사람의 공통점은 자신은 전통적인 형태의 효도로 부모를 돌봤지만 '내가 쓰러지면 어떻게 될까' 하는 불안한 미래에 별다른 대책을 마련하지 못하고 있는 상황이라는 것이다.

가까운 미래에 움직이지 못하게 되어 돌봄을 받아야 하는 상황이 될 수도 있다는 강한 불안감을 느끼면서도 왜 준비를 하지 않는 걸까. 나는 그것이 무척 궁금했다. 그리고 지금까지 많은 사람의 이야기를 들어보며 중요한 이유들을 발견했다. 그 중 하나는 나이가 들면 몸이 쇠약해질 수밖에 없다는 사실을 본인의 일로 받아들이지 못하고 핀핀코로리에 대한 환상에 빠진 채, 성장, 젊음, 자립을 강조하며 평생 현역을 지향하는 노화 사상이다. 부정적인 것은 생각하지 않으려는 태도는 '어떻게든 되겠지'라는 소극적인 삶의 방식으로 자리 잡게 된다.

또한 6장에서 Y씨의 사례를 통해 알 수 있었던 현행 제도의 한계점도 노인들이 준비를 하려 해도 원활히 준비를 할 수 없게 하는 이유로 작용하고 있다.

자녀가 있는 노인들이 미래를 방관하는 이유

결혼해서 자녀를 둔 고령자 중에도 '어떻게든 되겠지'라고 방관하는 사람들이 많다. 그들은 핀핀코로리에 대한 환상이나 제도적인 문제와는 또 다른 사정이 있을 것이다. 그렇게 가정하고 몇 가지 이유를 찾아보았다.

첫째, 현재 70~80대인 쇼와 시대에 태어난 고령자는 형제자매 수가 많아 부모를 모신 사람(후계자가 된 형제)이 아니면 돌봄에 대한 경험이 적어 누군가에게 돌봄을 받는 자신의 미래 이미지를 상상하기 어렵다.

둘째, 지역 내 교류가 약해진 일상생활 속에서 지역의 초고령자와 접촉할 기회가 적어 자택에서 생활하는 자신의 초고령기 생활을 상상하기 어렵다.

셋째, 최근까지 자택에서 생활하기 어려워진 사람은 병원이나 시설에 들어가는 것이 일반적이었다. 따라서 허약하고 쇠약해진 상태로 자택 생활을 유지하는 고령자와 접촉할 기회가 적어 그러한 생활을 상상하기 어렵다.

이러한 세 가지 결론에 도달하게 되었다. 이 시대에 태어난 노인들은 '모든 인간은 아무리 건강해도 나이가 들면 쇠약해, 다른 사람의 도움이 필요해지고 요양돌봄을 받으며 죽어간다'라는 너무나도 당연한 인생 경험이 부족하다. 그래서 쇠약한 몸으로 살아야 할 미래를 제대로 준비하지 못하는 것이다.

하지만 노인들 대부분이 준비 의식도 부족하고 미래를 속수무책으로 방관하는 태도를 갖고 있는 것에는 인생 경험 부족과는 또 다른 이유가 있을 것이다. 쇼와 시대에 태어난 고령자 세대에서 발생한 저출산이라는 인구학적 변화와 그들이 육아를 통해 형성한 부모와 자녀 관계의 특성 그리고 1990년대 후반 이후 일본의 경제 침체와 함께 급속히 퍼진 자녀 세대의 독신 지향 등의 여러 사회 변화가 그들의 인식에 영향을 미친 것이 아닐까.

이 장의 앞부분에서 소개한 Z씨와 Q씨의 이야기를 통해 이러한 점을 깨닫게 되었다.

노인의 요양돌봄 준비는
시대적인 문제다

Z씨와 Q씨 두 사람은 쇠약해진 노인들을 곁에서 돌본 경험이 있다. 그들은 초고령기의 부모 세대 두 사람을 10년 이상 꾸준히 돌봐왔다.

하지만 Z씨, Q씨 모두 "어떻게 하면 좋을지" 모르겠고, "실제로 움직이지 못하는 상태가 되면 제가 어떻게 될지에 대한 현실감이 별로 없어요"라고 말한다.

그들이 준비할 필요성을 느끼면서도 자신의 힘이 약해질 미래를 준비하지 못하는 현실. 그것은 90대인 그들의 부모 세대가 '자녀가 당연히 돌봐줄 것이다'라며 아무런 대책을 세우지 않았던 것과는 확연히 다른 상황이다.

그렇다면 이 두 사람이 미래를 준비하는 못하는 배경이 무엇인지 구체적으로 살펴보자.

하나는 Q씨가 말한 것처럼 "딸은 나를 돌봐주고 싶어도 그럴 힘도 없어요", "며느리는 친정 부모도 있으니 양쪽을 돌봐야 하잖아요. 그렇다면 얼마나 가여워요"라는 말에 단적으로 드러난다. 이 상황을 더 자세히 들여다보자.

우선 부모와 자녀 세대의 관계 강도가 달라진 점을 들 수 있다. 현재 70~80대 초반인 고령자와 자녀 세대의 관계는, 90대 이상인 그들의 부모 세대와 그들이 형성한 관계와는 강도가 크게 다르다.

70~80대 초반 노인들은 대부분 지방에서 도시로 상경해, 정규직으로 취업해서 생활했던 사람들이다. 결혼 적령기라고 여겨지는 나이에 결혼을 하고, 앞서 말한 것처럼 형제자매 수도 많아 후계자가 된 형제가 연로한 부모를 모시며 살았다. 부모를 책임져야 한다는 의식 또한 남아 있었던 세대다.

하지만 이들이 낳은 자녀 수는 평균 2명대에 불과하다. 형제자매 수가 많았던 단카이 세대 여성의 남자 형제가 없는 비율은 25.2퍼센트에 지나지 않지만, '단카이 주니어(1971~4년생)'라고 불리는 세대의 대다수를 차지하는 1970~4년생 여성 중에 남자 형제가 없는 비율은 42.4퍼센트다. 이처럼 자기 부모의 노후를 책임져야 하는 여성이 늘면서 친정 부모와 시부모 둘 다 돌보는 것은 너무 가혹한 일이 된 것이다.

쇼와 시대에 태어난 고령자 가족의 가장 큰 문제는 급격하게 진행된 저출산화로 결혼은 했지만 자녀가 없는 사람의 비율이 높다는 점이다. 고령자 세대 중 자녀가 없는 비율은 2001년부터 2010년 사이에 7.9퍼센트에서 15.7퍼센트로 8퍼센트나 증가했다. 2010년 기준 자녀가 없는 세대 수는 약 300만 가구이며 이 중에서 자녀 없이 혼자 사는 노인 수는 약 145만 명으로 추정된다는 보고서도 있다(나카무라 지로·스가와라 신야, 「동거율 감소의 오해─자녀 없는 노인의 증가와 돌봄 문제」, 《계간 사회보장연구》, Vol.51 No3·4, 국립사회보장·인구문제연구소, 2016년).

또한 쇼와 시대에 태어난 고령자는 '자녀 중심', '교육 중심'의 육아 인식으로 자녀를 키웠다. 그 결과 자녀들은 높은 학력을 갖추어 국내뿐 아니라 멀리 외국으로 나가 활동하며 고령이 된 부모 가까이에 살지 않는 사람도 많다.

그리고 자녀 세대가 성인이 되어 취업하기 시작한 1990년대부터는 급속히 세계화가 진행되었다. 세계적 규모의 경제 변화속에서 자녀 세대는 비정규직이나 실업 상태로 결혼하지 않고 부모와 함께 사는 비율도 늘어났다. 그래서 '자녀의 미래가 어떻게 될지 오히려 그 걱정이 앞서죠'라고 걱정하는 고령의 부모도 적지 않다.

이런 상황에서, 자녀가 있어도 자녀의 도움은 받지 않겠다는 사람과 Z씨처럼 결혼은 했지만 자녀가 없는 노인이 계속 증가하고 있다.

바꿔 말하자면 고령화와 더불어 발생한 '한 아이, 두 아이 혁명'으로 불리는 역사적인 인구 변화가 고령자 가족에게 큰 영향을 미치며 예전의 가족관이나 제도로는 더 이상 대응할 수 없는 상황에 도달한 것이다.

1990년대 후반 이후 고령화와 함께 급속하게 진행된 이러한 사회 변화로 제도적·문화적 공백 상태가 이어지고 있다. 다시 말해 새롭게 발생한 사회 상황에 대응할 국가의 제도적인 체계뿐 아니라 고령자가 일상생활 속에서 이러한 사태에 대처할 수 있는 구체적인 수단이나 삶의 처방전과 같은 문화적 기반이 턱없이 부족하다. 이로 인해 속수무책으로 방관할 수밖에 없는 삶의 방식이 부끄러운 맨살을 드러내고 있다. 이것이 바로 현대 노인 문제의 가장 근본적인 원인이다.

죽음에 대한 환상이
초고령기 준비를 방해한다

이처럼 힘든 시대 상황 속에서 우리는 무엇을 새롭게 만들어야 할까.

고령화가 계속 이어질 것이라고 예상되는 현재 시점에서 '건강하고 자기결정 능력이 남아 있는 고령자는 앞으로 다가올 초고령기의 위험에 대비해야 한다'라는 이 책의 주제에 한정하여 문제의식을 좁혀보자.

국가에서도 이러한 사태를 맞이하여 다양한 대책을 마련하고 있다.

이 책의 주제와 직접 연관된 국가 정책 중에 인생 100세 시대를 대비하여 고령자의 질병 예방과 건강 증진을 통해 건강 수명을 연장하기 위한 '건강 수명 연장' 사업이 있다.

건강 수명 연장 사업은 국가 정책인 '건강 일본 21(제2차)'의 중심 과제이며 반드시 정책 지표에 포함해야 한다. 평균수명과 건강수명의 차이를 줄일 수 있다면 개개인의 생활의 질 저하 방지는 물론 사회보장비용 감소를 기대할 수 있다(『후생노동백서』, 2014년). 이러한 목표를 바탕으로 각 지역의 주민 주체로 진행하는 지역 주민모임 개최나 영양·식생활, 치아·구강 케어, 생활습관병에 대한 건강 교육, 요양돌봄 예방을 위한 체조 교실 등을 지원하는 형태로 정책을 시행하고 있다.

건강할 때부터 질병 예방이나 건강 증진 활동에 관심을 갖고 지역활동에 참여하는 일은 무척 중요하다. 초고령기의 불안한 건강 상태나 의지할 수 없는 가족을 대신해주는 것이 바로 지역 사회의 역할이다. 또 국가 정책을 통한 지역의 다양한 지원 활동은 노인에게 새로운 관계 형성의 계기를 마련해준다.

가족의 돌봄 능력이 점점 약해질 미래에는 가족에게 기대지 말고 스스로 자신의 초고령기를 대비해야 한다. 자택에서 걸어서 15분 내 거리에 자신을 지원해줄 지역 자원이 있다면 아주 큰 힘이 될 것이다. 앞에서 소개했던 건강한 장수 노인들은 대부분 영양이나 식생활에 주의를 기울이고 걷기 운동을 일과로 수행하며 지역 봉사 경험이 많은 사람들이었다.

그러나 내가 우려하는 것 중 하나는 이러한 정책 지원 방안이 '국가'→'사업의 실무를 맡은 담당자'→'지역 주민'의 순으로 확산되는 과정에서 국가가 처음에 제시했던 목적과는 다른 형태로 변형된다는 점이다. 즉 이 과정에서 생긴 오류가 노인 개개인이 자발적으로 초고령기를 차근차근 준비하는 일을 방해한다.

구체적으로 말하자면 건강 수명의 연장이 지향하는 바를 참가한 주민에게 이야기할 때 '건강 수명의 연장'이라는 용어를 지역 주민들의 반응이 좋은 '핀핀코로리'나 '평생 현역'과 같은 키워드로 바꿔서 설명한다. 그래서 마치 핀핀코로리나 평생 현역이 최종 목적인 것처럼 이야기하는 장면을 자주 볼 수 있다.

인터넷에서 앞의 세 가지 키워드를 넣고 검색해보면 핀핀코로리, 평생 현역은 평균수명의 연장과 서로 바꿔 쓸 수 있는 말처럼 사용되는 경우가 많아 잘못 이해하고 있는 지역이 얼마나 많은지 실감할 수 있다.

하나의 사례로 인터넷에서 발견한 '노인의 건강 만들기 강연회 개최' 광고지의 내용을 소개한다. 강연회를 개최하는 목적이 "건강 수명을 연장하는 핀핀코로리를 폭넓게 보급하기 위해 강연회를 개최한다"고 되어 있다. "핀핀코로리를 목표로! 평생 현역으로 지금 하는 일을 그대로 유지합시다. 아무것도 하지 않는 힘없는 노인이 되지 맙시다. 노인이 되어서도 자신의 역할을 찾읍시다"라고 씌어 있다.

앞서 말한 것처럼 국가의 정책 목적은 건강 수명의 연장을 지표로 삼아 개개인의 생활의 질 저하를 막는 일과 사회보장비용의 부담을 줄이는 데 있다. 다시 말해 신체가 허약해지는 초고령기에도 전혀 움직이지 못하는 상태가 되지 않고 건강을 유지하며 자택에서 생활할 수 있도록 지원하는 일이다. 절대로 핀핀코로리가 목표는 아니다.

그런데 국가의 정책이 널리 알려지고 확산되는 과정에서 거시적 수준의 '평균수명과 건강 수명 차이 줄이기'라는 목표가 '핀핀코로리'라는 미시적 개인 사상으로 바뀌어 성공적인 노화의 개념과 이어지는 사회적 성격으로 변형되었다.

하지만 4장에서 설명한 대로 성공적인 노화의 개념은 쇠약해 비실비실해지는 초고령기의 준비를 방해한다.

질병이나 노화를
겪으며 살아가는 기술

국가에서 시행하는 이런 건강 증진 사업이나 지역 내 교류 강화 정책이 초고령기의 생활 준비에 매우 중요하다는 점은 인정하지만 우려되는 점이 한 가지 있다. 건강 유지 외에 초고령기의 생활을 어떻게 유지할 것인가 하는 관점, 즉 일상생활에서 필요한 지혜를 어떻게 배워야 하는지에 대한 문제다. 다시 말해 '인생의 마무리 준비 문화'의 중요성이 정책 항목에는 빠져 있다.

　서장에서 언급했던 것처럼 노인에게 '건강'이란 아프지 않고 건강한 사람과 활동할 기력이 있는 사람이라는 두 가지 의미를 담고 있다. 또한 Lifelong education(평생 교육)이라는 용어의 'Life'에는 인생, 생명, 생애와 같은 뜻이 들어 있다. 생명을 유지하는 건강함 속에는 인생의 지속성, 생활의 지속성을 유지하는 활동이 함께 포함되어 있다는 사실에 주목할 필요가 있다.

　노인들을 위한 국가 정책은 건강 증진과 유지를 돕는 것으로 한정되지 않고, 초고령기의 노인들이 다양한 질병, 특히 복합 질병을 안고 살아갈 수 있는 기술과 지식을 확산시키는 것으로 나아가야 한다. 이를 위해서 노인들을 대상으로 하여 건강 증진 활동을 하는 곳들과 평생교육을 하는 기관들이 정확한 정보와 기술을 제공해야 한다.

　우리 사회는 지금껏 인류가 경험하지 못했던 고령화를 다른 나라보다 앞서 겪고 있고, 가족의 보호 없이 혼자 또는 부부끼리만 질병을 앓으며 사는 80세 이상의 초고령자들이 점점 더 많아지고 있지만, 아직 초고령기를 살아가는 데 필요한 생활의 지혜는 충분히 축적되어 있지 않기 때문이다.

　이미 알려진 지혜나 지식만으로는 부족하기 때문에 먼저 초고령기를 맞이한 사람들의 경험으로부터 배우고 사례를 모을 수밖에 없다. 또한 의료진이나 돌봄 전문가들의 지식은 물론, 노인들이 일상생활 속에서 실천하는 지혜를 꼼꼼하게 수집하고 그것을 공유해나가야 한다.

　지금까지 이 책을 통해 소개한 건강한 장수 노인들의 달력 나이가 아니라 습관 나이로 살아가는 모습, 하루하루 일과로 수행하는 '하루의 생활 방식, 사용 방식, 유지 방식' 속에서 그 지혜를 찾을 수도 있을 것이다.

　이제 우리는 초고령기에 '건강'과 '기력'을 유지하며 생활할 수단과 방법을 어떻게 준비해야 하는지 고민해야 한다. 이는 개개인의 삶에 있어서도 절실한 문제지만, 국가 정책의 중요한 과제라고도 할 수 있다.

덧붙여
인생 마무리 준비의 구체적 예시

종장에서는 100세 시대에 대비하여 국가적으로 건강 증진 방안을 마련하고 지역연대를 강화하는 것은 물론, '인생의 마지막을 준비하는 문화'를 형성하고 그것을 사회적으로 확산시키려 노력해야 한다고 설명했다.

하지만 인생의 마지막 단계를 준비한다는 것이 구체적으로 어떤 것인지 쉽게 떠오르지 않는 사람이 많을 것이다. 왜냐하면 지금과 같은 초고령사회는 인류가 처음 겪는 것이기에, 아직 초고령기의 생활을 준비하는 문화가 형성되어 있지 않기 때문이다.

그래서 어떤 준비를 해야 하는지 예시로 삼을 만한 좋은 자료하나를 소개하고자 한다. 이 자료는 나와 문제의식을 공유하고 있는 어느 지방 도시(인구 약 13만 명의 평범한 도시)의 지역포괄지원센터에 근무하는 보건사, 물리치료사 등의 학습 모임에서 만든 것으로, 제목은 「쓰러지기 전의 준비―만일의 사태에 대비하기 위한 지혜 주머니」다.

　이 안내 자료는 집에서 생활하던 70대 후반의 노인이 갑자기 넘어져서 골절상을 입고 입원과 수술을 한 뒤 퇴원해서 다시 자택 생활을 한다는 설정으로 작성되었다. 구체적인 설정은 다음과 같다.

　　―75세가 넘은 독거노인

　　―방 안에서 넘어짐

　　―넙다리뼈가 골절되어 병원에 입원하여 수술함

　　―퇴원 후 다시 집으로 돌아옴

　　―퇴원 후 지팡이 또는 보행기를 사용하여 보행 가능

　넙다리뼈 골절을 예로 든 이유는 실제로 노인들이 요양돌봄을 받게 되는 요인 중 가장 큰 비중을 차지하는 것이 골절, 낙상, 관절 질환이기 때문이다. 특히 넙다리뼈 골절 환자 수는 70대 후반부터 80대에 걸쳐 급격히 증가한다. 골절상으로 침대 생활을 시작했다가 치매가 발병하거나, 영영 자리에서 일어나지 못하고 와상 환자가 되는 경우도 많다. 골절로 상황을 설정한 또 다른 이유는 어느 정도 예방이 가능한 생활 습관병과 달리 갑작스러운 사고 때문에 예상치 못했던 인생을 맞이할 가능성이 크기 때문이다. 실제 현장에서 일어난 사례들을 보면, 이 자료에서 제안하는 대처법을 미리 알고 준비했다면 와상 상태가 되지 않앉을 사례도 많았다.

　이 자료는 독거노인이 실내에서 넘어진 후 입원해서 퇴원한 뒤까지의 상황을 시간 순서대로 따라가며 발생할 수 있는 문제와 대처법을 상세하게 설명하고 있다. 인간의 일상은 과거·현재·미래의 형태로 구성되기 때문에 지금 무엇을 해야 하고 어떻게 대처해야 하는지의 과제(그리고 대처법)는 미래에 무슨 일이 발생할지도 모른다는 시간 축을 따라서 설정되게 된다. 이는 4장에서 우치야마 다카시 씨의 글을 인용하여 설명했다. 해결해야 할 과제가 어떻게 전개되는가 하는 미래 예측과 지금 자신이 해야 할 과제 그리고 대처법을 안다면 사람은 과도한 불안이나 혼란에 빠지지 않고 살아가는 힘, 극복하는 힘을 얻을 수 있을 것이다. 이런 관점에서 봤을 때 이 자료의 가장 큰 특징은 골절 후에 발생하는 상황과 그에 대한 대처법(행동 과제)을 경과 순서대로 이해하기 쉽게 나열하고 있다는 점이다.

　넙다리뼈 골절을 예로 들었지만, 독거노인이나 부부 둘이서만 사는 노인이 다른 질병으로 입원, 수술할 때 발생하는 일이나 대처법과 중복되는 부분이 많으므로 폭넓게 참고할 수 있을 것이다.

　암 환자들의 경우에는 집에서 건강하게 생활하는 노하우가 이미 많이 축적되어 있는 듯하다. 이제는 혼자 또는 부부끼리만 거주하는 노인들도 질병(심장, 뇌혈관, 치매 등)을 지닌 채 집에서 생활하는 데 필요한 생활의 지혜들을 모으고 공유해야 한다. 요양돌봄 지식과는 또 다른 이러한 생활의 지혜가 모이고 사회적으로 널리 공유된다면 초고령기의 마지막 생활을 준비하는 데 있어 큰 힘이 될 것이다.

마지막으로 여기에서 소개하는 대처법은 여러분이 어느 곳에 살고 있는지에 따라 적용할 수 없는 것들도 있을 수 있음을 미리 말해두고 싶다. 대도시에 사는 사람들은 재가 서비스를 비롯해 다양한 형태의 서비스를 수월하게 이용할 수 있지만, 낙후된 지역에서는 이런 서비스를 제공받지 못할 수도 있기 때문이다.

그러나 설령 서비스나 복지 혜택을 받을 수 없다 하더라도, 이런 지식을 갖고 있는 것만으로도 '노후 준비 처방전'을 마련하는 데 커다란 도움이 될 것이라고 생각한다.

쓰러지기 전의 준비—

만일의 사태에 대비하기 위한 지혜 주머니

만약 여러분이 집 안에서 넘어져 넙다리뼈가 골절되었다면 어떻게 하시겠습니까?

그런 상황이 닥쳐도 당황하지 않도록 평소에 할 수 있는 준비가 무엇인지 고민해봅시다.

여러분이 다음과 같은 상황이라고 가정해보겠습니다.

— 75세가 넘은 독거 노인

— 방 안에서 넘어짐

— 넙다리뼈 골절로 입원하여 수술함

— 퇴원 후 다시 집으로 돌아옴

— 퇴원 후 지팡이 또는 보행기를 사용하여 보행 가능

I. 부상을 당한 후 입원-치료-퇴원까지의 상황 대처법

1. 상처를 입은 후 치료를 받기 전까지 발생하는 상황

문제	본인이 할 수 있는 대처법	이용 가능한 제도 등
① 넘어졌는데 아파서 전화기가 놓인 곳까지 가지 못해. 구급차를 부르거나 지인에게 도움을 요청할 수 없다.	① 호루라기나 휴대전화를 항상 휴대한다. 긴급통보시스템을 설치한다. 전화기는 바닥에 앉은 자세에서도 손에 닿는 곳에 둔다.	① 나), 마) 요양등급(요지원이나 요개호 등급)을 받은 사람은 상황에 따라 주택 개보수, 복지용구 대여 제도를 이용할 수 있다.

	* 자택에서 넘어지는 것을 방지하기 위한 준비 가) 밤에도 문지방을 식별할 수 있도록 문지방에 형광 스티커를 붙인다. 나) 높낮이 차이가 나지 않도록 문턱을 없앤다. 다) 욕실 바닥이나 욕조에 미끄럼 방지 매트, 안전 손잡이를 설치한다. 라) 화장실 매트는 움직이지 않도록 고정시켜놓거나 아예 깔지 않는다. 마) 실내용 슬리퍼를 신으면 넘어지기 쉬우므로 슬리퍼 대신 실내용 양말(발가락 양말을 신으면 더 좋다)을 신는다.	
② 아프고 당황스러워서 연락할 곳이 떠오르지 않는다.	② 친구나 친척들의 전화번호를 단축번호로 입력해둔다. 친구나 친척, 사회복지 담당자 등의 연락처를 잘 보이는 곳에 붙여놓는다.	
③ 구급차나 도와줄 사람이 와도 집의 잠금장치(현관이나 부엌의 잠금장치)를 열 수 없다.	③ 열쇠를 맡길 사람, 정해진 장소에 놓여 있는 열쇠를 찾을 사람을 확보한다. 이웃이나 사회복지 담당자에게 만일의 경우 집의 어느 부위를 파손해도 괜찮은지를 말해둔다.	
④ 방 안이 아닌 곳에서 넘어진 경우 가) 욕조 안에서 넘어져 움직일 수 없다. 나) 화장실에서 넘어졌는데 문이 열리지 않는다. 다) 길에서 넘어져 움직이지 못한다.	④ 가) 먼저 욕조의 물을 빼고 도움을 요청한다. 나) 밖으로 여닫는 문, 접이식 문, 미닫이문으로 개보수한다. 다) 외출할 때도 항상 건강보험증이나 연락처, 특별한 약을 먹는 사람은 무슨 약인지 알 수 있는 물건을 휴대한다.	④ 나) 요양등급을 받은 사람은 상황에 따라 주택 개보수 제도를 이용할 수 있다.

2. 진료, 입원, 수술 등 치료를 받을 때까지 발생하는 상황

문제	본인이 할 수 있는 대처법	이용 가능한 제도 등
① 현재 복용하는 약의 이름을 정확히 모르면 수술을 할 수 없거나 수술이 지연될 수 있다.	① 약 수첩과 건강보험증, 개호보험증은 정해진 곳에 수납하고 누구라도 금방 찾을 수 있는 곳에 보관한다. 긴급 연락처도 알기 쉬운 곳에 붙여 놓는다.	
② 질병이 있는 사람은 과거 병력(지금까지 앓았던 질병)에 대한 정보를 의료진에게 바로 알리지 못하면 치료가 늦어질 수 있다.	② 과거 병력을 수첩에 적어 누구라도 알 수 있는 장소나 눈에 띄는 곳에 놓아둔다. 주치의를 결정한다. (주치의가 되어주었으면 하는 의사에게 의뢰하여 승낙을 받으면 그 사람이 주치의가 된다.) 단골 약국을 이용한다.	② 치료 중인 질병, 과거 병력, 복용하는 약의 명칭, 긴급 연락처를 적은 종이를 넣어 보관하는 상자를 나눠주는 시청이나 구청, 보건소가 있다.
③ 신원보증인, 보호자가 있어야 하는 병원이 많다.	③ 긴급 상황에 대처해줄 사람을 미리 확보해두거나 임의후견 계약을 맺는다. 신원보증 대행 서비스를 하는 회사나 단체 등의 정보를 수집해 미리 신원보증 계약을 해두면 좋다.	③ 임의후견 계약이란 임의후견 제도를 바탕으로 고령자가 아직 건강할 때 판단 능력이 떨어질 미래를 대비하여 공증 문서로 후견인과 계약해두는 것을 말한다.
④ 입원에 필요한 물건을 갖추지 못한다. 입원 준비를 할 수 없다.	④ [물건] 건강할 때 입원에 필요한 물품을 갖추어 정해진 장소에 보관하고 알기 쉽게 표시해둔다. 병원에 따라서는 원내 매점에서 판매하는 곳도 있다. [사람] 평소에 친구나 친척 등에게 미리 부탁한다. 민간 서비스의 관련 정보를 수집해둔다.	

3. 입원 기간에 발생하는 상황 : (1) 금전 관리의 어려움

문제	본인이 할 수 있는 대처법	이용 가능한 제도 등
① 입원해 있는 동안 직접 예금을 인출할 수 없다.	① 평소에 친구나 친척 등에게 미리 부탁한다. 대리 위임을 해주는 관련 회사나 단체. 임의대리 계약(생전 사무처리 위임 계약)의 내용을 미리 알아둔다.	
② 전기세 등을 납부할 수 없다.	② 공공요금 등은 만일의 사태에도 연체가 되지 않도록 자동이체 신청을 해놓는다.	
③ 비싼 의료비를 감당할 수 없다.	③ 의료보험에서 지원하는 본인 부담액 할인 제도와 신청 방법을 알아둔다.	③ [고액 의료비] 한 달 동안 한 곳의 의료기관에서 청구한 치료비가 고액이면 신청을 통해 본인 부담 한도액을 초과한 비용을 환급받을 수 있다. [한도액 적용 인정증, 표준 부담액 감액 인정증] '한도액 적용 인정증'은 입원 전에 신청할 수 있다. 미리 교부받은 서류를 의료기관의 접수 창구에 제출하면 차액 병실 요금, 입원 시의 식사 비용, 선택 진료비 등을 제외하고 한 곳의 의료 기관에서 청구하는 의료비는 본인 부담 한도액까지로 설정된다. ※ 소득에 따라 본인 부담 한도액이 다르므로 지방 자치단체(시청, 구청 등)에 문의한다.

4. 입원 기간에 발생하는 상황: (2) 부재중인 자택에서 발생하는 일

문제	본인이 할 수 있는 대처법	이용 가능한 제도 등
① 부재중인 집의 문단속, 냉장고 안의 신선식품 처리	① 신뢰할 수 있는 친척, 친구, 지역 주민에게 부탁한다.	
② 배달되는 우유나 신문이 쌓인다.	② 배달 중지 신청을 쉽게 할 수 있도록 평소 업체의 연락처를 휴대전화에 입력해둔다.	
③ 택배 받기	③ 택배를 받아야 한다면 택배사의 연락처를 휴대전화에 저장해둔다. 그 외에 예기치 않은 물건은 받지 않으면 보낸 사람에게 되돌아간다.	
④ 애완동물 돌보기	④ 대신 애완동물을 돌봐줄 수 있는 사람을 확보해둔다. 애완동물 호텔 등의 정보를 알아둔다. 장기간 집을 비울 경우를 대비해 관련 비영리조직의 정보를 미리 알아둔다.	

5. 입원 기간에 발생하는 상황: (3) 퇴원 후의 생활 준비 어려움

문제	본인이 할 수 있는 대처법	이용 가능한 제도 등
① 언제까지 입원할 수 있을지 몰라서 불안하다.	① 응급실로 이송된 의료기관(병원)에 언제까지 입원할 수 있는지 가능한 한 빨리 확인한다(병원의 기능이나 종류에 따라 입원 기간이 정해진 경우가 많다). 급성기 치료 후의 진료와 퇴원, 다른 시설 입소 등의 절차를 알아둔다.	① 의료기관(병원)에는 퇴원 지원 간호사나 퇴원 지원 상담원이 있는 곳이 많으니 입원한 직후부터 상담을 시작한다.

② 퇴원 후에 일상생활이 가능할지 몰라서 불안하다.	② 개호보험 신청 방법(신청 시기 등)에 관한 지식을 미리 알아둔다. 개호보험 신청과 관련해서는 의료기관의 상담 창구(지역 의료 연계실 등)에 가서 상담한다.	
③ 개호보험 신청은 언제 해야 하는 것인지 모른다.	③ 의료기관의 상담 창구에 가서 상담한다.	
④ 개호보험 신청 방법을 모르거나, 신청하러 갈 수 없다.	④ 가족, 친척, 친구에게 지방자치단체(구청, 시청 등)에 가서 개호보험을 신청해달라고 부탁한다. 지역포괄지원센터 또는 재가복지 지원 사업소에 의뢰해서 대행 신청을 할 수도 있다.	④ 지방자치단체(시청, 구청 등)에 개호보험 신청을 한다.
⑤ 고액 치료비, 의료비 한도액 신청 방법을 모른다. 또는 신청하러 갈 수 없다.	⑤ 가족, 친척, 친구에게 지방자치단체(구청, 시청 등)의 담당 부서에 가서 신청해달라고 부탁한다.	⑤ 3-③의 이용 가능한 제도 등을 참고한다. 가족, 친척, 친구가 신청하는 경우에는 신청 서류 외에 위임장이 필요하다.

6. 퇴원하는 날 발생하는 상황

문제	본인이 할 수 있는 대처법	이용 가능한 제도 등
① 자택까지 돌아갈 교통수단 확보	① 콜택시를 부른다.	
② 퇴원한 날의 식사	② 가족, 친척, 친구에게 부탁한다.	
③ 자택 환경 정비 (실내 환기 등)	③ 가족, 친척, 친구에게 부탁한다.	
④ 퇴원할 때 입을 옷	③ 가족, 친척, 친구에게 부탁한다.	

II. 퇴원 후 생활의 어려움과 대처법

※ 개호보험을 이용하는 사람은 제일 먼저 담당 케어매니저에게 연락한다.

1. 움직이지 못해 혼자서 운전하거나 대중교통을 이용하지 못해 외부 사회와 교류하기 어려운 상황

문제	본인이 할 수 있는 대처법	이용 가능한 제도 등
① 장보기를 할 수 없다.	① 가까운 수퍼마켓의 배달 서비스, 생활협동조합의 택배 서비스를 이용한다. 재가 요양보호사에게 장보기를 의뢰할 수 있는지 알아본다.	①~③ 요양등급을 받은 사람은 필요에 따라 개호보험 제도의 방문요양 서비스를 이용할 수 있다. 개호보험 제도의 방문요양 서비스는 대상자의 상태에 맞추어 작성한 케어 플랜에 따라 서비스의 내용, 시간, 횟수가 정해지므로 담당 케어매니저와 상담해야 한다. 개호보험 제도의 방문요양 서비스로 제공받을 수 있는 것과 없는 것을 미리 확인해둔다.
② 병원의 외래 진료를 받으러 다닐 수 없다.	② 콜택시를 부르거나, 교통 지원 비영리조직을 알아본다.	
③ 쓰레기를 버릴 수 없다.	③ 지역 주민자치회나 이웃 주민과 상담한다.	
④ 지역 정보가 실린 자료를 볼 수 없다.	④ 지역 주민자치회에 연락한다.	
⑤ 은행에 가지 못해 예금 입출금을 할 수 없다.	⑤ 믿을 수 있는 친척이나 친구에게 부탁한다.	
⑥ 애완견을 산책시킬 수 없다.	⑥ 이웃에게 부탁하거나, 애완동물 관련 업체의 서비스를 이용한다.	
		※ 지방자치단체에 따라 이용할 수 있는 서비스나 제도가 다르다.

2. 퇴원 후 집 안에서 생활하며 발생하는 상황

(1) 복지용구나 일상생활 지원 용품으로 대응할 수 있는 부분

퇴원 직후 자택에서 안전하게 생활하기 위해서는 입원 중에 미리 환경을 정비해둘 필요가 있다.

* 재활 전문가, 사회복지사에게 퇴원 후의 생활을 상담하고 자택 환경을 고려하여 일상생활 동작(옷 갈아입기, 화장실 가기, 목욕, 집안일 등)을 훈련한다. 퇴원하기 전에 케어매니저, 방문간호사, 요양보호사, 병원의 재활 전문직이 함께 일시 퇴원하여 본인을 중심으로 퇴원 후의 자택 생활에 관한 회의를 하면 가장 좋다. 회의에서는 집 안의 가구 배치나 복지용구 도입, 주택 개보수 등에 대한 상담도 할 수 있다. 다음의 ①~⑯은 이러한 회의를 통해서 준비할 수 있는 항목이다.

	문제	본인이 할 수 있는 대처법	복지 용구 이용으로 해결	이용 가능한 제도 등
옷 갈아입기	① 신발을 신거나 벗을 수 없다.	① 입원 중에 신발을 신고 벗는 동작을 연습한다.	① 신고 벗기 편한 신발을 사용한다.	
	② 옷 갈아입기(양말 신고 벗기, 바지 입고 벗기 등)를 하지 못한다.	② 입원 중에 옷 갈아입기 동작을 연습한다.	② 양말을 신기 편하게 도와주는 보조 기구(socks aid) 등 복지용구에 관한 정보를 수집한다.	
화장실	③ 안전 손잡이가 없어 변기에 앉았다가 일어서기 힘들다(재래식 화장실에 쭈그리고 앉지 못한다).		③ 적절한 위치에 안전 손잡이 설치, 변기 높이 조정, 보조 변기 설치.	③~⑦ 요양등급을 받은 사람은 필요에 따라 개호보험 제도의 주택 개보수(안전 손잡이 설치 등)나 복지용구 대여(간편한 안전 손잡이 설치 등), 복지용

목욕	④ 욕조가 깊어 들어가거나 나오지 못한다.		④ 안전 손잡이나 욕조 받침대 등을 이용하여 몸을 씻는 곳과 욕조 안의 높낮이 차를 줄인다.	구 구입(보조 변기, 샤워 의자 등의 구입) 서비스를 이용할 수 있다.
	⑤ 욕조 바닥에 물마개가 있어 청소나 물을 빼기가 힘들다.		⑤ 막대 집게와 같은 보조 기구를 이용한다.	
	⑥ 샤워 자세를 유지하기 어렵거나 불안정하다.		⑥ 샤워 의자를 이용한다.	
침실	⑦ 이불이나 침대에서 몸을 일으킬 수 없다.		⑦ 안전 손잡이를 설치한다. 탁자를 잡고 일어설 수 있도록 탁자의 위치를 조정한다.	
세탁	⑧ 세탁기 안이 깊어 세탁물을 꺼내기 어렵다.	⑧ 세탁기를 새로 구입할 때 드럼 세탁기로 교체할지를 검토한다.	⑧ 막대 집게와 같은 보조 기구를 이용한다. 세탁망을 이용한다.	
	⑨ 세탁기에서 꺼낸 세탁물을 건조하는 곳까지 옮길 수 없다.	⑨ 건조기 겸용 세탁기를 구입한다.	⑨ 바퀴가 달린 세탁 바구니를 이용한다.	
	⑩ 빨래 건조대가 높아 세탁물을 널기 힘들다.	⑩ 빨래 건조대의 위치를 낮게 조정한다.		
이동	⑪ 입원 중에는 걷기나 이동이 가능했지만 집에는 높낮이 차가 있어 움	⑪ 실내에서 자기가 움직이는 범위에 있는 물건을 정리한다.	⑪ 안전 손잡이나 문턱 받침대를 설치하여 높낮이 차를 줄인다.	⑪~⑬ 요양등급을 받은 사람은 필요에 따라 개호보험 제도의 주

직이기 불편하다.			택 개보수(안전 손잡이 설치 등) 서비스를 이용할 수 있다.
⑫ 현관에 높낮이 차가 있어 오르내리기 힘들다.	⑫ 입원해 있는 동안 계단 오르내리는 연습을 한다.	⑫ 올라가는 쪽에 안전 손잡이를 달고 받침대를 설치한다.	
⑬ 실내에 높낮이 차가 있어 이동하기 불편하다.		⑬ 높낮이 차를 해소(문턱 받침대, 바닥 높이 공사, 높낮이 차의 조정 등)하거나 동선(이동하는 장소)을 따라 안전 손잡이를 설치한다.	
⑭ 침실이 2층에 있는데 2층으로 올라갈 수 없다.	⑭ 1층에서 생활할 수 있도록 생활 환경을 정비한다. 이사한다. 머지않아 초고령기가 된다는 점을 고려하여 환경을 미리 정비한다.		
자세 ⑮ 좌식 탁자를 이용해야 하는데 앉았다가 일어서기가 힘들다.	⑮ 의자에 앉는 탁자로 교체한다.		
일어서있기 ⑯ 세수하기, 설거지, 요리할 때 서 있기가 힘들다.		⑯ 앉은 채로 작업할 수 있는 안전한 의자를 이용한다.	

3. 퇴원 후 집 안에서 생활하며 발생하는 상황

(2) 복지 전문가 등 인적 자원으로 대응할 수 있는 사항

퇴원하기 전의 전문가 회의를 통해 퇴원 후에는 인적 자원을 활용하여 생활할 수 있도록 준비한다. 가족, 가까운 민생위원을 포함하여 인적 자원은 상황에 따라 조정한다. 이때 다음의 ①~⑨의 문제를 함께 논의한다. 개호보험 제도의 방문요양 서비스를 이용한다면 요양보호사에게 받을 수 있는 서비스와 받을 수 없는 서비스가 무엇인지 평소에 미리 알아둔다(참고 1).

문제	본인이 할 수 있는 대처법	이용 가능한 제도 등
① 문단속을 할 수 없다.	① 집 안에서의 이동 방법(휠체어, 벽에 기대어 걷기, 보행기 사용 등)을 입원했을 때 재활 전문가나 간호사와 함께 고민해둔다.	① 요양등급을 받은 사람은 필요에 따라 개호보험 제도의 복지용구 대여(보행기, 휠체어 등) 서비스를 이용할 수 있다.
② 사람이 찾아와도 바로 나갈 수 없다.	② 인터폰을 설치한다.	
③ 신문이나 우편물을 가지러 우편함까지 갈 수 없다.	③ 퇴원할 때 우편함의 위치와 움직이는 경로를 생각해둔다. 요양보호사에게 부탁한다.	③ 요양등급을 받은 사람은 필요에 따라 방문요양 서비스를 이용할 수 있다.
④ 화장실까지 가는데 시간이 걸린다. 또는 휴대용 변기를 이용하지만 뒤처리를 할 수 없다.	④ 휴대용 변기를 구입한다. 요양보호사에게 부탁한다.	④ 요양등급을 받은 사람은 필요에 따라 개호보험 제도의 복지용구 구입(휴대용 변기) 서비스를 이용할 수 있다.
⑤ 청소기를 돌리지 못한다.	⑤ 가벼운 청소기로 교체한다. 요양보호사에게 부탁한다.	⑤ 요양등급을 받은 사람은 필요에 따라 방문요양 서비스를 이용할 수 있다.
⑥ 바닥 닦기 청소를 하지 못한다.	⑥ 막대 걸레 청소기 등 청소 도구를 활용하거나, 로봇 청소기(물걸레 기	⑥ 요양등급을 받은 사람은 필요에 따라 방문요양

	능이 있는 것)를 사용한다. 요양보호사에게 부탁한다.	서비스를 이용할 수 있다.
⑦ 창문이나 주방에 있는 렌지 후드를 닦을 수 없다.	⑦ 유료 청소 서비스 업체를 이용한다.	
⑧ 정원의 꽃과 나무에 물 주기, 잡초 뽑기를 할 수 없다.	⑧ 심부름 센터나 지역 내 자원봉사자를 활용한다.	
⑨ 전구 교체를 할 수 없다.	⑨ 자원봉사자에게 부탁한다.	

〈참고 1〉 개호보험 제도의 방문요양으로 가능한 서비스와 불가능한 서비스

개호보험 제도의 방문요양 서비스는 일상적인 가사를 지원하는 '생활 지원'과 식사, 목욕, 배설 도움 등 이용자의 신체에 직접 서비스를 제공하는 '신체 돌봄'의 두 종류로 나뉜다. 담당 케어매니저와 충분한 협의를 하고 본인의 상태와 욕구에 적합하게 작성한 케어 플랜을 중심으로 서비스가 이루어진다.

다음의 표는 개호보험 제도의 방문요양을 통해 가능한 서비스와 불가능한 서비스를 정리한 것이다. 지방자치단체에 따라서는 더욱 상세하게 규정해놓은 곳도 있으므로 케어매니저와 상담해서 미리 확인해둘 필요가 있다.

	가능한 서비스	불가능한 서비스
신체 돌봄	○ 이동 보조, 식사 돌봄 ○ 배설 도움, 기저귀 교체, 화장실 유도 ○ 목욕 도움 및 닦아주기 ○ 약 먹는 일 도와주기 ○ 이동이나 식사, 집안일 지켜보기	× 입원 중의 돌봄 지원 × 입을 벌려 약 먹는 일을 도움 × 병원 외래 치료를 위해 이용자나 요양보호사의 자동차를 운전하는 일
생활 지원	○ 이용자가 지내는 장소의 정리 정돈 ○ 일상생활에서 나온 쓰레기를 쓰레기장에 갖다 버리는 일 ○ 일상복 세탁, 말리기, 접기 ○ 이용자를 위한 생활필수품 구입 대행 ○ 처방약 받으러 가기	× 이용자가 사용하지 않는 곳의 청소 × 꽃이나 나무에 물 주기 × 애완동물 돌보기나 산책 × 예·적금의 출납 대행

4. 퇴원 후 일상생활의 변화로 발생하는 상황

문제	본인이 할 수 있는 대처법	이용 가능한 제도 등
① 넙다리뼈 골절 후 일상생활에서 주의해야 할 점을 모른다.	① 의료기관(병원)에 치료를 받으러 갔을 때 상담하거나 방문간호, 외래 재활 치료 등을 이용해 상담한다. 넙다리뼈 골절 후 본인의 신체 상황, 건강 상태를 미리 파악해둔다.	
② 퇴원 후의 생활에 돈이 얼마나 들지 몰라 불안하다.	② 사회복지사와 상담한다. 케어매니저에게 부탁해 정보를 수집한다.	
③ 연금액이 적거나 저축해둔 돈이 없어 이용할 수 있는 서비스가 한정된다.	③ 사회복지사와 상담한다. 케어매니저에게 부탁해 정보를 수집한다.	
④ 외출할 기회가 줄어 집에서 고립된 생활을 하는 경향이 강	④ 지역 주민모임에 적극적으로 참가한다. 주간보호 형태의 서비스를 이용한다.	④ 요양등급을 받은 사람은 필요에 따라 주간보호 서비스(데이 서비스)를 이

해졌다.		용할 수 있다. 요양등급을 받은 사람은 필요에 따라 주간 재활 서비스(데이케어)를 이용할 수 있다.
⑤ 재해가 발생하면 혼자서 피난할 수 없다.	⑤ 지역 내 주민 방재 활동 조직과 상담한다.	
⑥ 또다시 쓰러져 와상 상태가 되지 않을까 불안하다.	⑥ 집 안에서만 지내지 말고 지역 주민모임 등에 참가하며 주간보호 형태의 서비스를 이용한다. 또한 생활환경이나 몸 상태에 주의하여 쓰러질 위험을 줄인다(케어매니저나 요양보호사 등과 상담하면서 진행한다).	⑥ 지역 주민의 모임 장소인 지역 살롱이나 회관과 같은 지역 자원에 대해서는 지방자치단체(시청, 구청 등)의 노인 복지 담당 부서 또는 지역포괄지원센터에 문의한다.
⑦ 갑작스럽게 몸 상태가 나빠지거나 다시 쓰러지게 될까 봐 불안하다.	⑦ 긴급통보시스템을 활용한 행정 서비스, 민간 서비스를 이용한다. 항상 휴대전화를 갖고 다닌다.	⑦ 지방자치단체(시청, 구청 등)에 따라서는 복지 서비스로 긴급통보 서비스를 제공하는 곳이 있다(노인 복지 담당 부서에 문의한다).

〈참고 2〉 입원 중에 다른 질병이 발견되어 자택 생활이 어려워짐

문제	본인이 할 수 있는 대처법	이용 가능한 제도 등
① 입원 중에 치매 등 다른 증세가 나타나 집에서 생활할 수 없다.	① 건강할 때 미리 시설에 들어갈지 자택 생활을 계속 할지를 검토해보고, 본인의 바람이 실현될 수 있도록 준비해둔다.	
② 입원 전에는 혼자 생활했지만 퇴원 후에는 혼자서 생활할	② 만일의 경우를 대비해 유료노인시설이나 서비스제공노인주택, 요양시설 등 노인시설의 정보를 모으고 시	

수 없다. 자녀와 같이 살기도 어렵다.	설별 특징과 이용 요금 등을 알아둔다.

〈참고 3〉 사고로 입원할 때를 대비해 가족, 친구나 지역사회와 관계를 형성하는 방법

① 무슨 일이 일어났을 때를 대비하여 가족과 평소에 미리 협의해 둔다.

② 따로 사는 가족이 멀리 떨어져 있다 하더라도 주저하지 말고 연락한다.

③ 가끔씩 멀리 떨어져 사는 가족들에게 병원 외래 치료 등에 동행해줄 것을 부탁한다. 자신의 상황을 알릴 수 있는 좋은 기회다.

④ 따로 사는 가족이 주치의와 미리 인사해두는 기회를 만든다.

⑤ 열쇠 관리, 비용 지급, 부재 시의 문단속 등은 믿을 만한 사람에게 부탁해둔다. 건강할 때부터 신뢰할 만한 사람을 찾아 미리 부탁한다. 그렇지 않은 경우에는 비영리조직 등 관련 서비스를 제공하는 사업자를 활용한다. 임의후견 제도도 고려한다.

⑥ 다급할 때는 이웃이나 지역 주민들의 협력이 필요하다. 건강할 때 지역사회와 친밀한 관계를 형성해둔다.

⑦ 휴대전화(가능하면 스마트폰)와 컴퓨터를 다루는 법을 배워둔다. 정보 수집이나 인터넷을 통한 장보기, 다른 사람과 연락할 때 편리하다.

⇒ 대처하기 어려운 상황이 발생하면 지역포괄지원센터, 지방자치단체의 노인복지 담당 부서, 사회복지협의회, 민생위원들과 상담한다.

부록

인생 설계표를 작성할 때 참고할 항목

1. 사회 관계

활동 장소	① 버스, 전철, 자동차로 이동해야 하는 장소
	② 걸어서 이동할 수 있는 장소
	③ 근처만 가능
활동 종류	① 취미생활, 자원봉사, 시민활동, 일, 신앙활동 등
	② 앞의 참여 활동 종류의 축소
	③ 앞의 활동에서 은퇴

활동 횟수

① 거의 매일　　　② 일주일에 2회 정도

③ 일주일에 1회　④ 한 달에 2회

⑤ 한 달에 1회　　⑥ 2~3개월에 1회

2. 가족 관계

① 자녀, 조카 등의 결혼　② 부모 세대 돌보기　③ 부모 세대 사망

④ 배우자의 질병　　　　⑤ 배우자 돌보기　　　⑥ 배우자 사망

3. 친구나 지인과의 관계

교류 방법　　① 자택 방문　　② 함께 회식이나 여행

　　　　　　　③ 자주 만남　　④ 자주 연락

교제 관계 축소, 연하장을 주고받는 사람이 줄어듦, 친구나 지인이 병에 걸리거나 사망함

4. 나에게 발생하는 일, 생활 능력 및 신체 자립도 저하

이동 능력

*자동차로 이동　① 어디라도 가능　　② 익숙한 장소만 가능

　　　　　　　③ 근처만 가능　　　④ 자동차 면허증 반납

* 보행 능력　　① 자유롭게 어디든 이동 가능
　　　　　　　② 평지는 문제없지만 산행은 어려움
　　　　　　　③ 익숙한 길이라면 조금 멀어도 이동 가능
　　　　　　　④ 가까운 거리만 가능
　　　　　　　⑤ 집 또는 집 주변만 이동 가능
　　　　　　　⑥ 실내에서만 이동 가능
　　　　　　　⑦ 실내에서도 무언가에 기대어 걸음

일상생활 능력

* 가사 능력(쓰레기 처리, 요리, 청소, 세탁 등) 있음, 이불을 벽장에 넣는 것도 거뜬함
* 가사 능력 저하(요리는 할 수 있지만 장보기를 하지 못함, 청소기를 돌릴 때 휘청거림 등)
* 가사 능력, 일상생활 능력 상실
* 금전 관리 능력(일상적인 쇼핑, 개호보험 신청과 계약, 예금 입출금 등)에 지장 없음
* 금전 관리 능력 저하, 금전 관리 능력 상실

질병이나 장애 발생

* 청력, 시력 저하　　* 몇 가지 질병으로 병원에 가는 일이 잦아짐
* 기억력 저하　　　　* 골절로 보행에 어려움이 생김
* 치매 시작

거주 장소의 변화

* 시설 입소　* 자녀의 집으로 이사

개호보험, 사회복지 제도 이용

* 요양보호사에게 서비스를 받음　* 주간보호시설 이용

돌봐주는 사람

* 자녀　* 친구　* 요양서비스 사업자

| 나가며 |

 '내가 지금 이런 책을 쓰고 있다'고 이 책의 내용을 40대 지인에게 이야기했다. 그러자 그는 "저희 부모 세대야 늙어도 문제가 없죠. 저희가 있으니까요. 하지만, 저는 어떻게 될까요? 결혼을 하지 않았으니 남편도 없고 아이도 없어요. 비정규직이라 받을 수 있는 연금도 적을 테고요. 저희 세대엔 저처럼 혼자 사는 친구들이 많아요"라고 말한다.

 내가 이 책을 써야겠다고 생각한 이유가 바로 이것이다. 본문에서도 언급했지만 나는 2002년부터 노인 지원 기관의 사례 검토회에 계속 참여해왔다. 2002년만 해도 가장 많은 사례가 미혼 아들이 함께 사는 노부모를 학대하는 문제였다. 그런 문제가 발생한 가장 큰 이유는 1990년대 후반 이후 발생한 경제침체로 급속하게 미혼자(특히 남성)들이 늘어났기 때문이다.

세월은 정말 빠르다. 이제는 그때의 미혼자들이 고령화되면
서 발생하는 문제가 본격적으로 나타날 전망이다. 65세 이상의
인구 미래 예측을 「일본의 세대 수 미래 추계」(국립사회보장·인
구문제연구소)를 통해 살펴보면, 2015년 기준 5.9퍼센트였던 65
세 이상의 미혼자 비율이 2025년에는 9.0퍼센트, 2035년에는
13.0퍼센트로 늘어나 단기간에 두 배 이상으로 증가한다(여성은
동일 기간 4.5퍼센트→5.2퍼센트→7.9퍼센트).

　이렇게 혼자 살던 사람이 나이가 들어 요양돌봄을 받아야 하
는 상황이 되면, 누구에게 의지해야 좋을까. 이들은 배우자와 사
별하고 혼자 살고 있긴 하지만 따로 사는 자녀가 있는 노인들과
는 상황이 많이 다르다. 경제적인 기반이 약한데다 의지할 자녀
가 없는 것은 물론 친족과의 교류도 거의 없는 사람이 많다.

　이런저런 생각을 하며 지원 현장에 다니다 보니 사례 검토회
에서 다루는 사례의 성격이 점점 달라졌다는 사실을 깨닫게 되
었다. 의지할 사람 없이 혼자 살거나 부부끼리만 거주하는 80대
이상의 노인들을 어떻게 지원할 것인가 하는 문제가 점점 주목
받기 시작한 것이다. '들어가며' 부분에서도 언급했지만 '힘이
있는 노인은 아직 젊고 건강할 때 스스로 할 수 있는 준비를 미
리 해두면 좋겠다'는 사회복지 종사자들의 의견을 자주 듣는다.

　그렇다면 무엇을 어떻게 준비해야 좋을까. 국가 제도가 노인
개개인 단위로 뒷받침해준다면 가장 바람직한 사회가 될 것이

다. 하지만 국가 제도가 그렇게 바뀌기를 기다리며 아무런 준비도 하지 않은 채 나이가 들면 더는 어쩔 도리가 없다.

나이가 들어 비참한 상황에 빠질 위험을 조금이라도 줄이려면, 건강할 때 무엇을 준비해야 좋은지를 고민해야 한다.

이런 문제의식에서 출발하여 노인과 그 자녀 세대의 이야기를 들으며 무엇을 준비해야 하는지를 찾아보았다.

언뜻 보면 이 책은 위험에 대비한 준비는 개인이 해야 한다며 개인에게만 책임을 돌리는 책으로 보일지도 모르겠다.

그러나 나의 의도는 노인의 자기 책임을 강조하는 것이 아니라, 앞으로 계속될 고령화와 가족 형태의 변화를 고려하여 미래에 발생할 것으로 예상되는 위험을 조금이라도 줄여보자는 것이었다. 초고령기의 위험으로부터 자기를 방어하는 방법이 무엇인지를 알려주고 그에 관한 정보를 전달해 조금이라도 더 많은 사람에게 도움이 되는 책을 쓰고 싶었다.

다만 다른 사람의 이야기를 듣고 그들의 경험을 분석하여 사회적 사실로 이론화하는 일이 직업인 나의 사고방식으로 인해 최대한 부드럽게 쓰려고 노력했지만 부족한 부분이 많다.

그래도 '내가 할 수 있는 한 가급적 알기 쉽게 써보자'는 마음으로 이 책을 완성했다.

이 책이 완성되기까지 많은 분들의 도움을 받았다.

우선 나의 무례한 질문에도 불쾌해 하지 않고 개인적으로 민

감한 부분까지 이야기해준 건강한 장수 노인 여러분, 그 어르신
들을 돌보는 가족 여러분 그리고 그분들을 소개해주신 분들께
깊은 감사의 마음을 전한다.

그 다음으로 내가 감사 인사를 드려야 할 분들은 나와 함께 20
년 가까이 공부 모임을 이어오고 있는 분들이다. K 보건사를 비
롯해 노인 지원 기관의 여러 사회복지 종사자들께 감사드린다.
공부 모임과 사례 검토회를 통해 격변하는 일본 가족의 현실을
알고, 미래에 대한 위기감을 깊이 느낄 수 있었다.

내가 아직 햇병아리 연구자였을 때 복지 실천 현장으로 나를
이끌어준 사회복지사 친구 Y씨에게는 이번에도 많은 신세를 졌
다. 그녀를 무한히 신뢰해 노인분들이 나에게도 마음을 열어준
덕분에 노인들이 가슴속 깊은 곳에 담아두었던 진솔한 이야기
를 들을 수 있었다.

마지막으로 편집자인 구사나기 마유코 씨와 그녀의 친구 히
라노 마이코 씨에게도 고맙다는 말을 하고 싶다. 구사나기 씨는
머릿속에 문제의식으로만 존재했던 나의 생각을 단행본으로 엮
어낼 수 있게 해주었다. 책을 써보라고 권유한 것은 물론 집필에
도움이 되는 조언도 해주었다. 그리고 히라노 씨는 나와 구사나
기 씨를 이어주었다. 히라노 씨, 구사나기 씨와의 만남이 없었다
면 이 책은 세상에 나오지 못했을 것이다.

나는 근무하던 대학을 그만둔 68세 때 '이제 나도 꽤 나이가

들었으니 편하게 살자'라고 생각했다. 그러나 건강한 장수 노인들을 만나는 동안 내 마음속에서 새로운 세계, 새로운 연령관이 싹을 틔웠다. '이제 나이가 있으니'라는 말은 생각지도, 입에 담지도 않기로 했다. 대신 앞으로도 건강을 유지하며 하루하루 충실하게 살아가자고 마음먹었다.

　'사람은 몇 살이 되어도 계속 변할 수 있다.' 이것이 이 책을 쓸 기회를 얻은 덕분에 내가 몸소 깨달은 새로운 노인관, 인간관이다. 이 책을 쓰게 된 것은 내게 정말 큰 행운이었다.

2018년 10월 15일

가스가 기스요

나는 편안한 내 집에서
죽을 때까지 웃으며 살고 싶다

우리는 몇 살까지 살 수 있을까?

통계청 생명표에 의하면 2017년 우리나라 사람들의 평균수명은 82.7세라고 한다. 앞으로 의학과 과학기술이 더욱 발전할 것이고 그런 상황에서 건강을 잘 유지하기만 한다면 인생 100세 시대라는 말은 현실이 될 것이다. 60세가 되어 은퇴하면 남은 시간을 어떻게 보낼까. 나는 도대체 몇 살까지 살 수 있을까? 이런 생각을 하던 참에 이 책을 만났다. 그리고 '인간은 나이가 들면 쇠약해진다'는 너무나도 당연한 사실을 나의 일로 받아들이지 않고 사는 한심한 내 모습을 발견했다.

죽음 준비와 쇠약 준비는 다르다

노후 준비라고 하면 가장 먼저 재무설계, 즉 노후자금 준비를 떠올린다. 그 다음은 아마도 유언장, 상속이나 장례, 묘지와 같은 사후 처리에 대한 준비를 생각할 것이다. 하지만 이 책의 저자는 죽음에 이르기 전 단계인 늙어 쇠약한 시기에 주목한다. 어느 날 갑자기 쓰러지면 누가 나를 발견할 것인가, 누가 나를 병원에 데려가고 보호자에게 연락할 것인가, 허약해져 움직일 수 없게 되면 누가 나를 돌볼 것인가. 우리 삶에서 너무나도 중요한 이 단계의 준비를 우리는 너무 쉽게 간과하고 있었다. 저자는 내 삶의 주인공이 나라면 판단 능력, 결정 능력이 떨어질 때를 대비해 지금부터 쇠약해질 미래를 미리 준비하라고 말한다.

노인 요양시설에서 유치한 동작을
따라 해야 한다면 차라리 죽는 게 낫다!

이 문장을 옮기며 깊은 절망감을 느꼈다. 요양원에 들어갈 수밖에 없는 개인적인 상황들, 노인 자살률, 고독사와 같은 고령화로 인해 파생하는 여러 문제가 떠올랐다. 죽음을 피할 수 없는 것처럼 인간의 노화 역시 피할 수 없다는 사실을 알면서도 우리는 왜 미리 준비하지 않고 극단적인 생각을 할까. 한 문장 한 문장을 옮기며 어느새 나는 노후 준비의 정답을 찾는 독자가 되어 있었다. 이 책을 옮기는 작업은 그렇게 나와 우리 가족의 노후를 설계하는 작업으로 이어졌다.

Aging In Place를
꿈꾼다

누구나 장수하며 아늑하고 정든 내 집에서 마지막 순간까지 생활하기를 바란다. 그렇다면 결론은 하나다. 요양원에서 유치한 동작을 따라 하지 않아도 될 나만의 노후 준비를 지금부터 해 두면 된다. 이 책은 노후의 내 모습을 제대로 상상하지 못하는 사람에게는 길잡이가 되고, 밝은 고령 사회 만들기를 꿈꾸는 전문가들에게는 나침반이 되어줄 것이다. 책장을 덮으며 이웃과 가족이 함께 어우러지는 편안한 내 집에서 안심하고 늙어갈 수 있는 사회, 나와 우리의 'Aging In Place'를 꿈꿔본다.

2019년 봄

최예은

백 살까지 살 각오는 하셨습니까?

아프지 않고, 외롭지 않은 노년을 위한 100세 인생 지침서

1판 1쇄 발행   2019년 6월 10일

지은이   가스가 기스요
옮긴이   최예은
펴낸이   김찬

펴낸곳   도서출판 아고라
출판등록   제2005-8호(2005년 2월 22일)
주소   경기도 파주시 가온로 256 1101-302
전화   031-948-0510
팩스   031-8007-0771

© 아고라, 2019

ISBN 978-89-92055-74-1 03330

※ 책값은 뒤표지에 있습니다.

이 도서의 국립중앙도서관 출판예정도서목록(CIP)은 서지정보유통지원시스템 홈페이지(http://seoji.nl.go.kr)와 국가자료종합목록시스템(http://www.nl.go.kr/kolisnet)에서 이용하실 수 있습니다. (CIP제어번호 : CIP2019017583)